PSICANÁLISE E CONSTRUÇÃO DA AUTORIDADE DE SI
CONTRIBUIÇÕES DE UMA ANÁLISE HISTÓRICA PARA A ESCUTA CLÍNICA

Editora Appris Ltda.
1.ª Edição - Copyright© 2024 do autor
Direitos de Edição Reservados à Editora Appris Ltda.

Nenhuma parte desta obra poderá ser utilizada indevidamente, sem estar de acordo com a Lei nº 9.610/98. Se incorreções forem encontradas, serão de exclusiva responsabilidade de seus organizadores. Foi realizado o Depósito Legal na Fundação Biblioteca Nacional, de acordo com as Leis nᵒˢ 10.994, de 14/12/2004, e 12.192, de 14/01/2010.

Catalogação na Fonte
Elaborado por: Dayanne Leal Souza
Bibliotecária CRB 9/2162

R491p 2024	Ricci, Paulo Sérgio Pereira
	Psicanálise e construção da autoridade de si: contribuições de uma análise histórica para a escuta clínica / Paulo Sérgio Pereira Ricci. – 1. ed. – Curitiba: Appris, 2024.
	184 p. ; 23 cm. (Coleção Saúde Mental).
	Inclui referências.
	ISBN 978-65-250-6235-8
	1. Autoridade. 2. Modernidade. 3. Psicanálise. I. Ricci, Paulo Sérgio Pereira. II. Título. III. Série.
	CDD – 150.7

Livro de acordo com a normalização técnica da ABNT

Appris editora

Editora e Livraria Appris Ltda.
Av. Manoel Ribas, 2265 – Mercês
Curitiba/PR – CEP: 80810-002
Tel. (41) 3156 - 4731
www.editoraappris.com.br

Printed in Brazil
Impresso no Brasil

Paulo Sérgio Pereira Ricci

PSICANÁLISE E CONSTRUÇÃO DA AUTORIDADE DE SI
CONTRIBUIÇÕES DE UMA ANÁLISE HISTÓRICA PARA A ESCUTA CLÍNICA

Appris *editora*

Curitiba, PR

2024

FICHA TÉCNICA

EDITORIAL	Augusto Coelho
	Sara C. de Andrade Coelho
COMITÊ EDITORIAL	Ana El Achkar (UNIVERSO/RJ)
	Andréa Barbosa Gouveia (UFPR)
	Conrado Moreira Mendes (PUC-MG)
	Eliete Correia dos Santos (UEPB)
	Fabiano Santos (UERJ/IESP)
	Francinete Fernandes de Sousa (UEPB)
	Francisco Carlos Duarte (PUCPR)
	Francisco de Assis (Fiam-Faam, SP, Brasil)
	Jacques de Lima Ferreira (UP)
	Juliana Reichert Assunção Tonelli (UEL)
	Maria Aparecida Barbosa (USP)
	Maria Helena Zamora (PUC-Rio)
	Maria Margarida de Andrade (Umack)
	Marilda Aparecida Behrens (PUCPR)
	Marli Caetano
	Roque Ismael da Costa Güllich (UFFS)
	Toni Reis (UFPR)
	Valdomiro de Oliveira (UFPR)
	Valério Brusamolin (IFPR)
SUPERVISOR DA PRODUÇÃO	Renata Cristina Lopes Miccelli
PRODUÇÃO EDITORIAL	Adrielli de Almeida
REVISÃO	Bruna Fernanda Martins
DIAGRAMAÇÃO	Amélia Lopes
CAPA	Lívia Costa
REVISÃO DE PROVA	Bruna Santos

COMITÊ CIENTÍFICO DA COLEÇÃO SAÚDE MENTAL

DIREÇÃO CIENTÍFICA	Roberta Ecleide Kelly (NEPE)
CONSULTORES	Alessandra Moreno Maestrelli (Território Lacaniano Riopretense)
	Ana Luiza Gonçalves dos Santos (UNIRIO)
	Antônio Cesar Frasseto (UNESP, São José do Rio Preto)
	Felipe Lessa (LASAMEC - FSP/USP)
	Gustavo Henrique Dionísio (UNESP, Assis - SP)
	Heloísa Marcon (APPOA, RS)
	Leandro de Lajonquière (USP, SP/ Université Paris Ouest, FR)
	Marcelo Amorim Checchia (IIEPAE)
	Maria Luiza Andreozzi (PUC-SP)
	Michele Kamers (Hospital Santa Catarina, Blumenau)
	Norida Teotônio de Castro (Unifenas, Minas Gerais)
	Márcio Fernandes (Unicentro-PR-Brasil)
	Maria Aparecida Baccega (ESPM-SP-Brasil)
	Fauston Negreiros (UFPI)

Às minhas analisantes, por seus processos autorais.

PREFÁCIO

Autoridade: sem ela o homem não pode existir e, no entanto, ela traz consigo tanto o erro como a verdade.

(J. W. von Goethe)

Arrisco dizer que, com o acúmulo do presente, torna-se urgente apontar o quanto este estudo de Paulo Ricci vai se tornando necessário. E como indica logo em sua introdução, trata-se de discutir a possível relação entre o que ele chamou de "crise da autoridade imaginária paterna" – instaurada, nesse caso, pelo advento da Modernidade –, e o surgimento da Psicanálise, tendo em vista sua condição de prática clínica e de conhecimento científico, inexoravelmente. Quanto a isso, sua hipótese se baseia na ideia de que certas transformações, tais como o divisor de águas histórico produzido pela modernidade, entendida não apenas como fato, mas como conceito, como propõe a esse respeito e por outras vias Jacques Rancière (2009), deslocaram de tal forma a posição social de autoridade a ponto de conduzir a uma verdadeira "crise psíquica"; além do mais, como é comum em muitos casos, toda crise pode levar à mudança, possibilitando nesse ínterim, e por conseguinte, a constituição de uma nova concepção de inconsciente que surgia com Sigmund Freud. E é preciso ter em vista que, nesse sentido, Freud instaurou uma inversão *sem igual* na posição de autoridade ao inventar o dispositivo clínico psicanalítico, inversão que podemos interpretar não apenas como clínica, mas também *epistemológica*: se até então o poder de cura residia invariavelmente nas mãos do médico, com a psicanálise ele passa, num movimento sem volta, ao discurso do analisando.

E nessa mesma perspectiva, se, com efeito, a emergência de um novo contrato social – assinado sob o primado da Revolução Francesa e com a queda do Império Austro-Húngaro – marcava então a ascensão de um novo sujeito, que passou a representar e questionar o sofrimento tal como concebido até aquele momento, logo se verá a atitude clínica freudiana operando como palco para a construção emergente de uma escuta singular, escuta essa que dará expressão a certas modalidades do sofrer que, por sua vez, permitirão ao sujeito a conquista de uma espécie de "autoridade de si" que se dá por meio da recém-inventada técnica da livre associação; aliás, destaca-se aí a articulação já feita por Freud entre autoridade e *sugestão* psicológica (especialmente *via* hipnose, como se sabe, que à época ainda restava como técnica a ser superada), dado que não escapou ao pesquisador e que igualmente terá enormes consequências a toda e qualquer teorização pós-freudiana interessada na questão do poder.

Como declara o autor de forma ainda mais cirúrgica: "Essas alterações do século XIX para o século XX se expressavam em termos das consequências psíquicas imputadas às subjetividades e esse movimento ainda possibilitou o questionamento dos paradigmas até então estabelecidos para a produção do conhecimento" – isso nos permitiria entender que o surgimento da Psicanálise teria sido uma verdadeira "revolução", e não apenas no âmbito da "psicologia" da época, pois é no interior desse espírito, mais precisamente, que textos como *Psicologia das massas e análise do eu, Totem e tabu, Mal-estar na civilização* e *Futuro de uma ilusão* serão retomados por Paulo a fim de friccionar os denominadores comuns necessários à sua análise acerca da *inscrição*, por assim dizer, da autoridade.

Além disso, e como ele reconhece de próprio punho, essa disposição parte também do ensaio acerca dos *Complexos Familiares*, que Lacan redigiu em 1938 a fim de figurar na *Encyclopédie Française*. Contudo, se ali o mestre francês já aludia ao problema, tal fato não garantiu que se aprofundasse na questão, investigando, por exemplo, as determinantes históricas e sociais que teriam concorrido nesse percurso – precisamente o desafio aceito por Paulo e que será apresentado, ainda que de forma não exaustiva – o que de fato tornaria a pesquisa impossível a concluir! –, ao longo das próximas linhas.

> Freud deixou a posição de autoridade imaginária, se não totalitária do saber, posta até aquele momento – leia-se, o método científico já existente –, dando lugar a uma falta que constatou em relação a como se estruturava o conhecimento acerca do psiquismo. Esse movimento permitiu que ele criasse um novo método. Desde esse ponto de vista, consideramos que declinar/derrubar a autoridade posta pelo social implica em uma dissolução da autoridade imaginária sobre si mesmo para se fazer autoridade, sobretudo, autoridade de si. Essa dinâmica contribui e é cotidiana para a escuta psicanalítica ainda hoje.

Mas outro dado "material" com o qual sua pesquisa não pode deixar de se haver é o *afeto*, que, uma vez articulado com a representação – como não poderia ser diferente –, constitui também materialmente a vida psíquica;

com efeito, seria difícil negar que o afeto vigora dentre os maiores motores da história, assim como não se pode perder de vista o fato de que cada época produz seus próprios sintomas, a ela necessariamente articulados; ora, a ausência da figura simbólica do pai (encarnada em Frederico, nesse caso em particular) gera efeitos incontornáveis, efeitos que justamente interessam ao psicanalista: aqui, vemos o surgimento do desamparo, cuja rasgadura produzirá todas as consequências imediatamente modernas com as quais o sujeito (moderno) e o autor terão de lidar, pois, se, como indicava Lacan, a assertiva de que o psicanalista deve sempre estar à altura da subjetividade de sua época continua válida, o trabalho de Paulo nos convida a adentrar esse impasse que talvez tenha sido um dos principais *shifters* psicanalíticos (além de, obviamente, históricos). O que causa certa surpresa ao perceber, como Paulo nos mostra, a negligência com a qual Freud lidou com o surgimento do pensamento (e da reivindicação) feminista à época; em outras palavras: conquanto jamais tenha deixado de refletir sobre o papel do pai e, em boa medida, sobre o poder masculino e sua vontade de dominação, nem por isso tocou no problema do patriarcado, cujas motivações o autor ensaiou mostrar ao longo desta investigação. Algo que o leva à pesada e verdadeira afirmação: "apesar de toda a crítica social elaborada", escreve Paulo Ricci, *"não houve declínio social da imago paterna no cerne da produção psicanalítica freudiana, mas sim uma defesa – apesar de bamba – da sua permanência".*

Portanto, ao revisitar a Viena *fin-de-siècle* torna-se impossível que o leitor não se depare com as demais condições materiais que contextualizam o advento da Psicanálise (não sem razão ali precisamente concebida, tal como Bettelheim e Le Rider defendem com insistência), tendo em vista a correlação quase direta entre a derrocada do Império Austro-Húngaro e o consequente abalo no poder patriarcal ocidental de até então; dessa forma, o gérmen para o que viria a ocorrer está claro – de forma que o terceiro e o quarto capítulos tomarão isso como base, inserida aí uma breve análise de alguns temas que foram discutidos, no interior do movimento analítico, quando o autor se debruça sobre as Atas da Sociedade das Quartas-feiras publicadas em português mais recentemente –, assim como o que se supõe acerca do surgimento da própria Psicanálise: se a "ciência" freudiana pode ser entendida como reação à queda da autoridade paterna imaginária – cuja concepção de imaginário Paulo toma emprestada também de Lacan, evidentemente –, então em que medida a Psicanálise não deveria ir ao encontro de uma saída pelo feminino, e isso para além de uma autoridade "de si", como o autor propõe? Ora, essa relação que Paulo encontra com sua pesquisa mantém-se num círculo cerrado entre *pai*, isto é, o *masculino*, e a autoridade. O que a psicanálise teria a dizer sobre uma autoridade feminina, quem sabe inclusive materna? Além disso, se a Psicanálise encara essa problemática de forma bastante ambígua – leia-se: por um lado toma a autoridade paterna (mesmo a imaginária) como necessária à subjetivação, assumindo com isso uma posição claramente conservadora, diga-se de passagem, enquanto ao mesmo tempo aponta seu alto teor de produção de neurose –, seria ainda possível, ou quem sabe desejável, resolver a questão?

Eis as indagações que este trabalho nos deixa como efeitos imediatos, indicando, contudo, e porventura em *Nachträglich*, novos caminhos a percorrer, sobretudo chamando nossa atenção à construção de uma escuta sensível, ainda por fazer, encaminhando-nos ao campo da criação. De qualquer forma, há uma outra questão inelutável a ser destacada sem demora: a ascensão de uma extrema-direita fiada no mais puro autoritarismo, capaz de angariar multidões e vencer eleições, não seria ela um filho bastardo dessa crise de autoridade à qual este livro se dedicou? Quanto a esta, penso que é preciso respondê-la com urgência, a fim de que a solução pela guerra não seja a melhor saída, tal como vem ocorrendo tão frequentemente numa atualidade claudicante de figuras simbólicas. Nesse sentido, Paulo dá um importante pontapé a fim de auxiliar a discussão. Caberá aos pósteros levá-la a cabo...

Gustavo Henrique Dionisio

Doutor em Psicologia Social pelo Instituto de Psicologia da Universidade de São Paulo (IP-USP) e professor Livre-Docente em Psicologia Clínica na Universidade Estadual Paulista "Júlio de Mesquita Filho" (FCL – UNESP/Assis)

SUMÁRIO

1

INTRODUÇÃO..13

2

CONDIÇÕES MATERIAIS CONSTITUTIVAS À EMERGÊNCIA DA PSICANÁLISE NO DEBATE DAS CIÊNCIAS...............................27

2.1 Condições materiais da elaboração da Psicanálise: a Viena no final do século XIX e no início do século XX 33

2.2 As características sociais e o estudo das patologias psíquicas: do sofrimento situado no campo social às características de estruturação subjetiva no final do século XIX e início do século XX............43

2.3 A queda do império austro-húngaro, vivências de guerra e conflito psíquico: a atividade psicanalítica enquanto estratégia sensível para o enfrentamento do desamparo..50

3

QUEDA DO IMPÉRIO AUSTRO-HÚNGARO, EXPRESSÕES DO PODER PATRIARCAL E CLÍNICA PSICANALÍTICA: DA RESISTÊNCIA ÀS TRANSFORMAÇÕES SOCIAIS À POSSIBILIDADE SUBVERSIVA 61

3.1 Civilização, patriarcado e Psicanálise freudiana: limites necessários à ordem social?..66

3.2 Patriarcado e formas de expressão do sofrimento: neuroses e defesas melancólicas como denúncia de uma estrutura social em crise ..76

3.3 Psicanálise e lei paterna: resistência a uma cultura em situação crítica.........85

3.4 Psicanálise subversiva: as críticas sociais presentes na psicanálise freudiana na leitura do sofrimento 93

4

AUTORIDADE EM QUESTÃO: ANÁLISE DAS ATAS DA SOCIEDADE DAS QUARTAS-FEIRAS COMO POTÊNCIA METODOLÓGICA PARA A PRODUÇÃO E O COMPARTILHAMENTO DO CONHECIMENTO PSICANALÍTICO 105

4.1 Temas fundantes e primários da Psicanálise: de uma concepção geral em psicologia ao processo de tratamento pela transferência da autoridade em relação ao saber..110

4.2 Discussão de ideias teóricas e do fazer clínico: apreensão do método psicanalítico a partir dos registros presentes nas atas 118

4.3 Debate a respeito das ideias primevas em psicanálise e estruturação do caso clínico: o tensionamento teórico como prenúncio da atividade de supervisão...124

5

DO CONCEITO DE AUTORIDADE À EMERGÊNCIA DA PSICANÁLISE: LIMITES E CONTRIBUIÇÕES DA TEORIA FREUDIANA PARA A ELABORAÇÃO DA CRISE PSICOLÓGICA INSTAURADA PELO DESLOCAMENTO DA AUTORIDADE 133

5.1 Circunscrição do conceito de autoridade em Freud: do poder totalitário do totem aos limites do pai da horda 134

5.2 Conceituação de autoridade: referência imaginária paterna, atravessamento do complexo de édipo, instauração do superego e constituição psíquica 146

5.3 Emergência da Psicanálise: estratégia sensível para a dissolução da autoridade imaginária em direção à livre expressão fundamentada 157

6

CONSIDERAÇÕES FINAIS..173

REFERÊNCIAS..177

INTRODUÇÃO

Apresentamos neste livro os resultados da pesquisa de doutorado intitulada *Crise da autoridade paterna e emergência da Psicanálise: da Modernidade à possibilidade de psicanalisar*, por meio da exposição dos delineamentos e definições do percurso de estudos, seus achados e limites, e da proposta de reflexões possíveis para o campo psicanalítico. Para tanto, discutimos a relação entre a crise da autoridade paterna, na esfera sócio-histórica, a qual foi posta pelo advento do sujeito moderno, e a elaboração da Psicanálise no campo do conhecimento científico e da prática clínica, com vistas a avançar na compreensão dos processos de constituição das subjetividades na atualidade.

Propomos a análise dessa temática a partir de uma leitura crítica das produções freudianas e como possibilidade de atualização do conhecimento psicanalítico desde o retorno a seus fundamentos, assim como por meio de resgate e análise da tese realizada por Lacan a respeito do declínio social da imago paterna. Ademais, buscamos defender a hipótese de que a Psicanálise adveio ao campo científico e de reflexão intelectual como crítica e possibilidade de superação do enfraquecimento/crise da autoridade imaginária paterna, sendo esse movimento possível graças às condições materiais presentes quando da elaboração da Psicanálise no contexto do Império Austro-Húngaro.

A reflexão sobre a relação entre a crise da autoridade paterna e a emergência da Psicanálise (tomada como um entendimento científico da constituição do sujeito) objetiva demonstrar, a partir de uma perspectiva histórica, os determinantes materiais, ou seja, os aspectos sociais, políticos e econômicos que possibilitaram a elaboração freudiana na transição do século XIX para o século XX em Viena. Apresentamos, para tanto, uma análise dos determinantes que se colocaram como disparadores e que possibilitaram a emergência do pensamento psicanalítico, discutindo os porquês de esse movimento ter sido elaborado inicialmente por Freud em Viena.

Nesse sentido, realizamos uma leitura histórica da obra freudiana, com a finalidade de entender como a questão da autoridade paterna foi lida pelo autor como um movimento social que trazia consequências para as expressões subjetivas as quais eram objeto de sua intervenção clínica. Destacamos ainda que refletir sobre a emergência da Psicanálise em relação a essa temática é relevante, pois pretende também carregar o sentido da urgência do conhecimento e da clínica psicanalíticos para a atualidade. Apesar de não ser nossa pretensão considerar a Psicanálise como resposta total, ou, ainda, única, para o sofrimento manifesto pelos sujeitos na atualidade, ela, sem dúvida, é, com a sua escuta, uma possibilidade potente para a construção de caminhos simbólicos de significação da existência. Portanto, temos um duplo sentido na presente empreitada: i. a emergência da Psicanálise (no sentido de sua elaboração, construção e advento); ii. a sua urgência para a compreensão do sujeito e das subjetividades apresentadas por ele na exposição de seus sofrimentos na clínica psicanalítica na atualidade.

Essa discussão não é inaugural no campo acadêmico, já estando apresentada nas discussões psicanalíticas desde o posicionamento de Lacan no ano de 1938, em seu texto "Os complexos familiares", escrito para a *Encyclopédie française*. Em seu Tomo VIII, o estudioso abordava o tema da vida psíquica. Nesse texto clássico, Lacan (2008 [1938]) discutiu as consequências psíquicas do chamado declínio social da imago paterna. A sua posição é a de que a obra freudiana não teria se instituído no debate das ciências por eventualidade ou apenas como produto exclusivo da capacidade intelectual de Freud, mas sim por determinação histórica, a partir do momento em que os ideais até então vigentes e que conservavam o status de funcionamento social foram questionados e um abalo na estrutura da sociedade ocidental foi possível, gerando consequências para a superestrutura, ou seja, para a expressão subjetiva, as instituições, a família e as ciências. Nas palavras do autor:

> Qualquer que seja seu futuro, esse declínio constitui uma crise psicológica. Talvez seja essa crise que se deve relacionar o aparecimento da própria psicanálise. Apenas o sublime acaso do gênio talvez não explique que tenha sido em Viena – então centro de um Estado que era o meltingpot das formas familiares mais diversas, das mais arcaicas às mais evoluídas, dos últimos agrupamentos agnáticos dos camponeses eslavos às formas mais reduzidas do lar pequeno-burguês e às formas mais decadentes do casal instável, passando pelos paternalismos feudais e mercantis – que um filho do patriarcado judeu tenha imaginado o complexo de Édipo. Seja como for, são as formas de neuroses dominantes no final do último século

que revelaram que elas estavam intimamente dependentes das condições da família (LACAN, 2008 [1938], p. 60).

Apesar da apresentação da tese no texto lacaniano, o psicanalista não a levou adiante, examinando-a e/ou apresentando as especificidades históricas que teriam levado Freud a desenvolver uma teoria para além da ciência tradicional, positivista, a qual pudesse dar conta das especificidades constitutivas da subjetividade por meio da proposição de um novo método de compreensão e de intervenção para o sofrimento psíquico, expressão da crise psicológica anunciada pelo autor.

Sinalizamos ainda que essa ideia circulava no pensamento dos contemporâneos de Freud, já tendo sido tratada, de modo diferenciado, pela filosofia, quando, por exemplo, Nietzsche (2020 [1886]) discutiu a morte de Deus, no texto *A Gaia Ciência*. Nessa mesma direção, Ffytche (2014) considera que o contexto de surgimento da Psicanálise vai muito além do que indica a historiografia tradicional, estando ligado a uma conjuntura histórica muito mais ampla, remontando à própria noção de Modernidade enquanto um regime do pensamento que defende a espontaneidade, a particularidade, a privacidade e a autonomia como sentimentos do sujeito e expressões da subjetividade.

Os seus fundamentos aludem, assim, a um período anterior ao século XIX na Alemanha, no qual se estava sob as influências do romantismo e do idealismo pós-kantiano. Ffytche (2014) recua o advento da Psicanálise em um século, apontando para as seguintes produções:

> [...] Confissões de Rousseau, a teoria da subjetividade de Fichte, Wilhelm Meister, de Goethe, e Prelude, de Wordsworth. Esse mesmo período deu origem não apenas aos vários tipos de autoinvestigação praticados pelos românticos alemães como Friedrich Sclegel, J. W. Ritter e Novalis, como também à cunhagem de psychotherapie [psicoterapia] de J. C. Reil, Magazine for Empirical Psychology, de Carl Moritz, e muitas outras iniciativas semelhantes, todas organizadas em torno da investigação secular da vida interior. Finalmente, surge neste momento um foco teórico específico sobre o fundamento da consciência em estágios mais antigos, mais primitivos e inconscientes (tanto a partir do ponto de vista do desenvolvimento individual, quanto como uma questão para a história cultural como um todo), bem como um novo tipo de interesse psicológico por estados mentais patológicos, inclusive formas de loucura, mas também o sono, sonhos e transes (FFYTCHE, 2014, p. 14).

O problema posto aqui (de até que ponto a crise instaurada pela constatação do abalo decorrente da queda imaginária da autoridade paterna), para que possa ser compreendido, merece uma atenção à constituição da noção de Modernidade para além do resgate do fundamento freud-lacaniano. Desde Lacan, inúmeros trabalhos foram elaborados, fazendo do objeto desta pesquisa um campo suficientemente vasto e, ao mesmo tempo, anunciando a importância da questão para a produção psicanalítica, assim como para o processo de entendimento da constituição subjetiva e de suas expressões.

Nosso questionamento pode, aparentemente, apresentar-se como uma questão simples. Afinal, quando é considerada em seu aspecto positivo (isto é, a internalização da autoridade paterna e a sua atuação para a constituição do sujeito na formação do *Superego*), configura-se como um dos elementos centrais nas produções psicanalíticas. De modo geral, esse pressuposto aparece, mesmo que com compreensões diferenciadas, em autores clássicos em Psicanálise, como Freud (1856-1939), Melanie Klein (1882-1960), Jacques Lacan (1901-1981), Françoise Dolto (1908-1988), entre tantos outros. Ou seja, discutir a internalização da autoridade paterna em Psicanálise pode parecer relativamente simples, porém, quando essa discussão é olhada com mais cuidado, podemos constatar que ela não é simples.

Quando consideramos o momento histórico que temos vivido e as transformações que tem gerado para a expressão das subjetividades, resgatamos o significado desta pesquisa. Ou seja, nos parece consenso que a transformação dos referenciais outrora estabelecidos está presente na esfera social com o advento do sujeito moderno. Sobre esse tema, podemos citar as pesquisas de Santos (1997); Baudrillard (1991); Harvey (1994); Peixoto (2004), no campo social; e de Checchinato (2007), especificamente no campo da pesquisa psicanalítica.

Por mais que tradicionalmente os conceitos de internalização da autoridade paterna, assim como o conceito de função paterna e a sua relação com os processos constitucionais, sejam amplamente discutidos pela Psicanálise, a problemática ainda merece atenção. Por essa razão, justifica-se a presente discussão da relação entre a alteração de referenciais sociais, ocasionada por mudanças estruturais na sociedade, com o advento do sujeito moderno e o aparecimento, como que em contracorrente, da Psicanálise enquanto prática clínica e conhecimento científico.

Defendemos que a crise da autoridade imaginária paterna foi condição estrutural para o aparecimento da Psicanálise, enquanto ciência e prática clínica, que possibilitou caminhos simbólicos para a elaboração do sofrimento psíquico decorrente do abalo psicológico instaurado na subjetividade moderna. Em nossas pesquisas, constatamos que, por mais que seja entendido que era central em Freud o questionamento *"do que é um pai?"* – e podemos perceber isso nas produções freudianas e em autores como Chemama (2002), Checchinato (2007) e Melman (2009) –, os dicionários de Psicanálise consultados não apresentam o conceito de "pai".

Diante desse fato, poderíamos levantar a hipótese de que não apresentam pela falta de necessidade de conceituação ou pelo fato de que ela tem um caráter óbvio. A despeito disso, a seguir, apresentamos alguns conceitos que identificamos como correlatos para melhor circundar nosso objeto.

Laplanche e Pontalis (2008, p. 331) apresentam a definição dos termos "pais combinados, imago de pais combinados", como sendo uma expressão de autoria de Melanie Klein, com um sentido referente ao entendimento fantasioso da criança em representação aos pais unidos na atividade sexual. O mesmo *Vocabulário de Psicanálise* apresenta o conceito de "Complexo Paterno" como sendo a "Expressão usada por Freud para designar uma das principais dimensões do Complexo de Édipo: a relação ambivalente com o pai" (LAPLANCHE; PONTALIS, 2008, p. 82). Já no *Dicionário de Psicanálise*, de Roudinesco e Plon (1998), aparece apenas o verbete "complexo", porém os autores o remetem ao "Complexo de Édipo" e ao "Complexo de Castração", não fazendo referência ao termo "Complexo Paterno" (ROUDINESCO; PLON, 1998, p. 123).

Dor (2011, p. 8), por sua vez, considera a função paterna como o "epicentro crucial na estruturação psíquica do sujeito", remetendo a questão paterna a uma complexa topografia, a qual possui os eixos que alternadamente se manifestam nos níveis real, imaginário e simbólico. O pai, no sentido genérico do termo, remete ao agente da paternidade comum. Em Psicanálise, no entanto, Pai é considerado como um operador, ou seja, um referente, aludindo à formulação e à definição lacaniana de Pai enquanto Metáfora:

> Contra toda expectativa, até mesmo contra toda ideia recebida, a noção de pai intervém no campo conceitual da psicanálise como um **operador simbólico a-histórico**. Vamos entendê-la então como um referente que apresenta esta particularidade essencial de não estar sujeito à ação de uma história, pelo menos no sentido de um ordenamento cronológico. Todavia, ficando fora da história, ele não deixa de estar paradoxalmente inscrito no ponto de origem de

> toda história. A única história que lhe podemos supor é uma história mítica. Mito necessário, se é que existe, já que essa suposição é universal (DOR, 2011, p. 11, grifos nossos).

O autor considera que a questão paterna possui íntima relação com a elaboração da cultura pela humanidade, uma vez que é expressão da natureza humana nascida da proibição do incesto, dependente, portanto, da função imaginária do Pai. Esse pai é tomado como o pai da horda primitiva. Para Dor (2011), a questão paterna seria operacionalizada pelo sujeito a partir de uma sucessão lógica dos investimentos libidinais que uma criança faz em torno da figura paterna. O autor entende, retomando Freud e Lacan, que o pai é um determinante para que ocorra uma experiência universal para e com o humano, o Complexo de Édipo.

De acordo com Melman (2009), a identificação primária do sujeito com o pai configura um aspecto determinante, não apenas para a organização subjetiva, mas também para a direção e finalização do tratamento psicanalítico. O autor considera que Freud defendeu a existência de uma identificação primária com o pai, que acontece de maneira preliminar a toda identificação futura, edípica. Ou seja, essa identificação primária com o pai seria uma espécie de matriz das futuras identificações.

Melman (2009, p. 230) defende que um processo determinante para a constituição do sujeito seria um primeiro estado, no qual a criança realiza um "isolamento do referente fálico". Para o autor, esse isolamento seria feito tanto pelo menino quanto pela menina. Essa condição faria com que a criança estabelecesse um parâmetro de pertencimento, isto é, o isolamento do representante fálico ficaria registrado para os posteriores processos de identificação e de pertencimento ou de sentimento de identidade.

Consideramos essa temática congruente às necessidades atuais de desenvolvimento das pesquisas psicanalíticas, podendo, dessa maneira, contribuir para o constante movimento de construção e de reconstrução da Psicanálise enquanto campo teórico e fazer clínico. Nossa proposta e especificidade dentro desse campo vasto é discutir a relação entre a elaboração psicanalítica inicial, freudiana, e o seu contexto de produção, entendendo-a como uma resposta possível a esse movimento social de mudança de modo a redesenhar e, ao mesmo tempo, retomar criticamente a tese do declínio social da imago paterna anunciada por Lacan.

A Psicanálise, como crítica e possível possibilidade de elaboração do sofrimento instaurado pela noção de liberdade e de autonomia, pode ser pensada, portanto, num para além do pai: uma resposta possível à falta outrora ocupada imaginariamente na sociedade por autoridades concretas, por um poder pessoalizado e, geralmente, localizado na figura de um pai/líder/homem.

Ffytche (2014) explica que o inconsciente, conceito fundamental para a compreensão do sujeito moderno, foi compreendido inicialmente pela Filosofia, e não pela Psicanálise e/ou Psicologia. Na concepção do autor, esse conceito possui um caráter político, uma vez que auxilia na explicação da noção de indivíduo moderno e de sua autonomia. O autor ainda destaca a relação presente entre interesse teórico e prática terapêutica. De acordo com ele, Freud, no entanto, não estava interessado em empreender apenas uma psicologia clínica, mas sim uma verdadeira metapsicologia. Nesse sentido, o inconsciente é tomado num sentido muito mais amplo do que a Psicanálise, abrangendo campos da Psiquiatria, da Filosofia, da Religião, da Metafísica, concepções sobre a história e a própria natureza. Esse conceito ainda se encontrava, desde Freud, associado a formulações psicológicas mais amplas, a culturas populares e ao campo artístico de modo geral:

> Quando aparece no início do século XIX, o inconsciente já está mediando o problema da autofundamentação e autocriação, e continua, caracteristicamente, a abarcar dois importantes aspectos da identidade liberal moderna – a crença em uma independência sólida e original do self e de seus poderes de autodesenvolvimento, e a tentativa de conceder ao indivíduo uma base moral e ontológica universalizante, com a qual controlar os receios da fragmentação sociopolítica. Crucialmente, a experiência traumática da natureza pessoal, explorada nos vocabulários fundamentais da psicologia e da psiquiatria alemãs do século XIX, bem como o trauma mais conceitual que circunda a teoria da individualidade são relevantes um para o outro, de uma forma constante e involuntária, em todo o século (FFYTCHE, 2014, p. 43).

De acordo com Ffytche (2014), as mudanças manifestas e interpretadas no século XIX na estrutura da experiência humana, na subjetividade e no mundo interior remontam a um contexto duplo: a invenção do inconsciente psíquico propriamente dito e a descrição do indivíduo autônomo própria do Romantismo e aponta para a ideologia liberal. A Psicanálise passa, desse modo, a ser entendida como uma aposta, a partir de sua escuta, que sustenta a construção de um projeto de vida pautado na autonomia individual, na liberdade e na emancipação.

Se essa problemática tradicionalmente, conforme expusemos de modo introdutório, considera a Psicanálise como uma resposta de Freud à sua questão sobre "o que é um pai?", aqui, nossa questão motivadora é: "seria possível uma psicanálise para além do pai?", ou seja, seria possível que a Psicanálise tivesse a proposta de se colocar, apesar de não toda, como uma resposta possível ao sofrimento gerado pela crise psicológica decorrente da constatação do fracasso da autoridade imaginária do pai? Isso pelo fato de que, apesar da escuta sensível de Freud e Lacan ao sofrimento gerado em seus pacientes a partir do confrontamento com a crise psicológica decorrente do abalo da autoridade paterna, os dois psicanalistas permanecem, conforme demonstramos, defensores da ordem social patriarcal.

Por essa razão, a Psicanálise, se pensada para além do pai, poderia ser uma teoria analítica da falência da autoridade imaginária paterna. Logo, nosso objetivo é refletir sobre essa questão em termos epistemológicos. Consideramos também justificada essa proposta, por entendermos, conforme Mezan (1988), Costa Neto e Cabas (2018) e tantos outros psicanalistas, que definir a Psicanálise como um movimento de crítica a seus próprios fundamentos é resgatar, na produção científica, o método investigativo da prática clínica freudiana.

A busca pela explicação da questão, por meio de um movimento de atualização da leitura da obra freudiana e mediante um retorno aos fundamentos da Psicanálise, possui o objetivo de chegar a uma atualização possível da teoria psicanalítica, ou a uma análise da questão proposta. A escolha do tema se deu, pois o consideramos central e fundante à Psicanálise.

A atenção ao contexto histórico que sustentou a elaboração dos fundamentos da Psicanálise é necessária e justificada, pois "[...] a cultura estética da Viena *fin-de-siècle* inscreveu, de maneira inequívoca, um dos capítulos mais significativos da história da política e da arte modernas (assim como da arte em geral)" (DIONISIO, 2017, p. 18, destaques do autor). Por esse motivo, consideramos que a compreensão das bases materiais presentes no momento fundante do conhecimento psicanalítico é coerente com o próprio método desse saber, ou seja, o recuo à história acarreta uma reconstrução por meio da palavra.

Sabemos que desde as produções pré-psicanalíticas, Freud tinha o objetivo de elaborar um conhecimento que se fundamentasse em uma base material. Nas primeiras elaborações freudianas, há a preocupação de que a Psicanálise se colocasse no campo das ciências naturais, como uma *Natur-*

wissenschaften. Essa ideia permanece em uma boa parte de seus textos. Essa busca, sem dúvida, colocava-se amparada na necessidade de que o conhecimento psicanalítico desvelasse algo da ordem da realidade e, assim, tivesse na materialidade tanto a sua causa quanto a sua justificativa e legalidade.

Em nosso entendimento, à medida que Freud compôs as suas produções, ele superou a sua própria defesa inicial, questionando o método das ciências naturais, a autoridade do saber científico e/ou realizando uma operação que aqui consideramos como o declínio da autoridade sobre si mesmo. Consideramos que Freud, inicialmente, esteve muito focado na questão de fazer a Psicanálise uma ciência natural, atendendo a um apelo social e se submetendo ao método (autoridade do saber) até então imposto como o que se colocava socialmente como científico. Com o desenvolvimento de sua obra, Freud altera tanto o método quanto os objetivos da própria Psicanálise.

Nesse sentido, Freud realizou um movimento de se autorizar, se distanciando da concepção de saber sustentada imaginariamente pelo social, e criando um novo método, o qual, ao mesmo tempo, fala de um processo de se autorizar por si mesmo. Fazemos aqui uma associação ao que posteriormente foi discutido por Lacan (2003[1967]), referente à posição do analista. Ou seja, Freud deixou a posição de autoridade imaginária, se não totalitária, do saber posta até aquele momento, o método científico já existente na sociedade, para uma falta que constatou em relação a como se estruturava o conhecimento do psiquismo. Esse movimento permitiu que ele criasse um novo método. Desde esse ponto de vista, consideramos que declinar/derrubar a autoridade posta pelo social implica em uma dissolução da autoridade imaginária sobre si mesmo para se fazer autoridade, sobretudo, autoridade de si. Essa dinâmica contribui e é cotidiana para a escuta psicanalítica ainda hoje.

A respeito da crítica às ciências da época, Mograbi e Herzeg (2006, p. 130-131) consideram que:

> Ainda que seja certo que Freud é muito incisivo ao afirmar sua oposição às ilusões, não podemos esquecer seu posicionamento sui generis diante da ciência da época. Mesmo que com a invenção da psicanálise tivesse rompido com os ideais positivistas, estes foram, dentre outros, algumas das raízes de seu pensamento, sendo o texto de "O futuro de uma ilusão" (1996 [1927]) uma autêntica formação de compromisso, em que defende a ciência para em seguida atacá-la sob a forma

do opositor imaginário. Além disto, quando Freud defende a ciência diante das ilusões, tenta fazê-lo considerando a ciência como um processo de desilusão, um processo penoso que repõe para o sujeito as indesejáveis verdades que ele tentava evitar. Parece que a concepção freudiana de ciência é bastante singular e pouco tem a ver com os ideais positivistas. De fato, quem desvela as ilusões e propõe sustentar o mal estar, não é outra senão a psicanálise.

Mais importante agora é nos havermos com a seguinte questão: de qual materialidade se trata quando falamos em epistemologia da Psicanálise? A partir da prática clínica, Freud formulou hipóteses, as quais, quando atravessadas por suas argumentações a respeito do funcionamento psíquico e social, são abstraídas em ideias universais. A prática clínica freudiana teve como objeto modalidades de sofrimento subjetivo também relacionadas ao modo segundo o qual a sociedade estava estruturada, por exemplo, a histeria foi considerada decorrente da repressão da sexualidade, sobretudo, da sexualidade feminina.

Nesse sentido, a compreensão das bases materiais da produção freudiana tem um duplo objetivo: o de compor o saber dos motivos pelos quais a histeria se colocou como questão para o final do século XIX e início do século XX; e o de desvelar os motivos pelos quais essa compreensão se iniciou em Viena se tornando uma forma de pensar e fazer válida universalmente ao mesmo tempo que esse saber contestava essa universalidade.

Sobre essa dinâmica, importa-nos destacar que:

> [...] é fato que nem todo saber é de origem espiritual, mas provém daquilo que o caçador extraiu da sua experiência, o pescador extraiu da sua e assim por diante. E aí temos de admitir que este argumento contesta a universalidade do saber e, junto com ela, o privilégio do mundo das ideias" (COSTA NETO; CABAS, 2018, p. 191).

Freud, ao longo de sua obra, definiu que o objeto de investigação da Psicanálise, o inconsciente, deveria ser entendido a partir dos processos constitutivos do sujeito, que são atravessados pela internalização da lei, por meio da passagem pela dinâmica do Complexo de Édipo e de seus consequentes derivados: Complexo de Castração e Complexo Paterno. Para que haja uma elaboração desses complexos, o sujeito necessita realizar a chamada morte simbólica do pai. A dimensão da autoridade, que se torna simbólica, organizaria a coexistência dos homens em um grupo e sua internalização adquiriria um status de sagrado, sendo essa última etapa necessária para a ativação de processos de diferenciação subjetiva, os quais permitem a elaboração de uma identidade particular, ou seja, de uma condição desejante ao sujeito. Ainda, sinalizamos que a possibilidade de conviver coletivamente entre os homens se torna presente a partir de determinadas proibições, as quais acarretam frustrações.

Em termos de especificidade do caminho metodológico utilizado para a análise da crise autoridade imaginária paterna no campo social, buscamos discutir a trajetória de desenvolvimento da Psicanálise, que passou do objetivo inicial de se encaixar à autoridade do saber tradicional, para a elaboração de um novo lugar, de um novo paradigma, mesmo que dentro das ciências naturais, alterando a compreensão do que vem a ser o conhecimento científico. Esse novo método, ao produzir um sistema conceitual sobre o inconsciente, elaborado a partir da prática clínica e da história, pôde se colocar como uma resposta possível não apenas à compreensão do sofrimento dos sujeitos particulares, mas também dos processos de subjetivação em um campo universal e até mesmo de como o sofrimento circulava à sua época, refletindo o mal-estar da civilização.

Para isso, analisamos a temática a partir de uma leitura das obras freudianas, enfatizando aquelas que versam sobre o tema da Antropologia Social, Mitologia e História das Religiões, as quais consideramos determinantes para o entendimento da questão proposta. Além disso, destacamos a necessidade de articular esses conceitos à totalidade da obra freudiana, ou seja, entender a particularidade do tema em relação aos demais conceitos propostos por Freud em sua elaboração teórica.

Ademais, consideramos que, seguindo o método psicanalítico de retorno ao passado, podemos compreender também fenômenos da atualidade. Nesse sentido, também pretendemos fazer avançar o desenvolvimento das elaborações psicanalíticas e da compreensão dos processos psicossociais e de subjetivação na contemporaneidade, uma vez que, de acordo com Santos (2001), o sujeito com o qual a Psicanálise trabalha é o sujeito da ciência, sendo o inconsciente não o elemento que se encontra marginalizado ao discurso científico, mas sim o próprio efeito do retorno de sua desconsideração.

De acordo com esse mesmo autor, a discussão estrutural da angústia na contemporaneidade e de suas novas manifestações depende dos encaminhamentos dados pelo saber científico, bem como pelas novas experiências que o sujeito tem vivenciado com relação ao seu corpo e à sexualidade.

Em vista disso, os destinos da Psicanálise e a sua clínica encontram-se associados à continuidade de sua produção e de sua difusão científicas. Por fim, é digno de destaque que considerar a produção das subjetividades na contemporaneidade, analisando a posição da Psicanálise em relação à crise da autoridade imaginária paterna, é situar o conhecimento psicanalítico no campo da Política: "Em tempos em que os direitos individuais afrontam quaisquer objetivos coletivos é preciso levar em conta, estudar cuidadosamente, as ancoragens locais do gozo em oposição aos sistemas de ideais mais próprios a um Outro consistente." (SANTOS, 2001, p. 120).

Discutimos, assim, a relação existente entre o enfraquecimento da autoridade na estrutura social e o aparecimento da Psicanálise enquanto campo teórico e prática clínica de maneira a dar continuidade à compreensão do sujeito. A partir desses entendimentos, poderemos propor estratégias de intervenção na atenção e na escuta às pessoas em relação ao seu desenvolvimento e às suas formas de subjetivação, de modo que processos de autonomia e liberdade sejam garantidos. Nosso estudo trata-se, em última instância, de uma pesquisa histórica e, ao mesmo tempo, conceitual, justificada pela necessidade de precisão dos termos, bem como pela centralidade da questão da autoridade para os processos psicossociais, para a estruturação do sujeito e para a expressão das subjetividades e, por fim, pela necessidade da sua compreensão e pela consequente possibilidade de intervenção.

Para dar conta dessa tarefa, no primeiro capítulo, apresentamos as condições materiais de Viena no final do século XIX e início do século XX, problematizando a relação entre o contexto de produção e as construções teóricas de Freud como uma resposta possível para a compreensão das subjetividades diante da crise sociopolítica, que instaura uma revolução simbólica decorrente de rupturas no modo de funcionamento social. No capítulo seguinte, discutimos a relação entre a queda do poder patriarcal e as características do pensamento e elaborações conceituais freudianas. No terceiro capítulo, analisamos a maneira pela qual a Psicanálise foi se estruturando e construindo as suas características de forma e conteúdo em relação à produção do conhecimento, prática clínica e transmissão, por meio da discussão dos conteúdos decorrentes das reuniões realizadas pela Sociedade das Quartas-Feiras. Nesse momento, a autoridade foi tomada como questão que circulava no interior das relações e discussões realizadas pelo primeiro grupo de psicanalistas. Finalmente, no capítulo quatro, circunscrevemos a definição psicanalítica a respeito da autoridade e de seus efeitos para a constituição do psiquismo para pensarmos a tarefa ético-política da escuta na atualidade. A possibilidade de tratarmos sobre a maneira por meio da qual as alterações sociais têm alterado a compreensão do que vem a ser a crise da autoridade imaginária do pai resgata um potencial criativo decorrente do saber psicanalítico num fazer clínico-político que contribui com processos de emancipação.

2

CONDIÇÕES MATERIAIS CONSTITUTIVAS À EMERGÊNCIA DA PSICANÁLISE NO DEBATE DAS CIÊNCIAS

Neste capítulo, discutimos a relação entre as características de produção da vida material humana (estrutura), aquelas que estão relacionadas à base econômica da sociedade, por meio das quais a Psicanálise pôde advir enquanto campo do conhecimento científico e prática clínica (superestrutura). Nesse sentido, apresentar a contextualização histórica das ideias freudianas pode ser visto como um movimento de lugar comum, ou até mesmo ser considerado como repetição de uma temática tão amplamente trabalhada; no entanto, quando, na atualidade, nos deparamos com críticas vulgares que versam sobre a inefetividade da Psicanálise quando comparada às psicologias da consciência e do comportamento, ou ainda às neuropsicologias, ou o seu não pertencimento ao campo das ciências, resgatamos o valor e o significado desse debate.

Logo, essa retomada histórica se justifica, pois dessa maneira poderemos redirecionar a questão e superar – esse sim um movimento de repetição – tal questionamento do valor científico e clínico da Psicanálise. Nessa direção, Costa Neto e Cabas consideram que:

> Os grandes temas do século XX já se esboçavam como problemas no século XIX. Isto apesar dos universitários de hoje em dia terem tendência a confundir história e *faits divers* (fatos diversos). E, se os grandes temas do século XX já eram uma questão no XIX, o convite à releitura dos clássicos é uma coisa digna de ser levada a sério quando se trata da transmissão e do ensino. Nem que seja para lembrar que o desconhecimento da história não é senão um engodo pelo qual se paga caro, mesmo que – em nome da contemporaneidade – o espírito absoluto dos tempos atuais diga que a história é coisa do passado e consequentemente diga: *por que estudar os clássicos se o mundo com o qual lidamos não é mais esse mundo que já passou e ficou obsoleto?* Da minha parte, só espero que alguma vez alguém apresente provas que demonstrem que

> a história pode vir a ser obsoleta. Sobretudo porque tenho uma prática na qual a história não é só passado, nem futuro anterior, mas também o presente do futuro, tendo em vista a primazia da repetição e sua função no discurso do analista (COSTA NETO; CABAS, 2018, p. 115, grifos dos autores).

É a partir desse pressuposto que refletimos sobre os determinantes constitutivos do sujeito moderno que funcionaram como disparadores materiais para a sistematização do pensamento freudiano. Sobre essa problemática, também recorremos a Rancière (2005), que, em *A partilha do sensível*, apresenta o conceito de Modernidade como conceito filosófico, diferenciando-o do conceito histórico de Modernidade. Nessa perspectiva, a consideração de um regime de pensamento encontra-se associada às ideias presentes juntamente aos elementos próprios de produção da vida. A proposta e os desafios postos então são os de pensar a Psicanálise enquanto um campo do pensamento que possui uma intencionalidade de compreender a realidade psíquica de forma contextualizada a seus determinantes históricos.

Le Rider (1993) considera que a Modernidade trouxe três características importantes para o processo reflexivo: a primeira situa-se na crise referente ao sentimento de identidade; a segunda questão estaria vinculada a deslocamentos na concepção de masculinidade e feminilidade (base sobre a qual tradicionalmente encontrava-se sustentada a cultura); e a terceira estaria vinculada à ascensão do antissemitismo e ao crescimento das ondas de nacionalismos.

Esse autor indica que a Modernidade vienense foi um momento importante, pois trouxe a problemática da ambiguidade: de um lado, o sujeito passou a representar a ideia de autonomia e, de outro, se deparou com a solidão:

> A situação histórica dos intelectuais judeus assimilados em Viena permite compreender a razão pela qual eles se encontravam especialmente predestinados a experimentar a moderna crise de identidade. Todos os estudantes judeus que frequentaram a Universidade de Viena durante as últimas três décadas do século dezenove (a partir da geração de Sigmund Freud, que ingressou em 1873, até Karl Kraus, que iniciou seus estudos superiores em 1892) sofreram o choque do anti semitismo. A ideologia liberal da assimilação dos judeus foi submetida a um choque particularmente penoso, que foi mais ou menos bem ultrapassado. Seu meio ambiente lhes nega a identidade que teriam escolhido e desejado mais

> espontaneamente, a da nacionalidade alemã; ao mesmo tempo, a educação que receberam os afastara profundamente do judaísmo tradicional. Este último geralmente significava para eles não mais do que lembrança de família, já quase esquecida (LE RIDER, 1993, p. 14).

Bettelheim (1991) defendeu a concepção de que a Psicanálise não se constituiu e se consolidou em Viena por acaso. Para o autor, a sociedade vienense possuía uma especificidade dentro do Ocidente, pois encontrava-se particularmente sensibilizada pela questão da doença mental e por questões que se relacionavam à vida sexual das pessoas. O autor considera que essa característica teve sua gênese no modo de estruturação da cidade, tendo sido uma marca do interesse e atitude da elite intelectual em momentos anteriores e concomitantes à escrita da Psicanálise por Freud.

Igualmente, Dionisio (2017) explica que o problema do desamparo estava presente na sociedade vienense no final do século XIX, relacionado a um abalo significativo no modo de funcionamento social pautado no patriarcado:

> [...] O que de quebra nos permitiria reinterpretar a manutenção, no que se refere a Freud, de toda uma fantasia iluminista que manteve com relação à ciência [...] é como se antes da Primeira Guerra as coisas epistemológicas estivessem meio que às mil maravilhas, de modo que seu desencanto mais pungente a esse respeito teria surgido apenas quando finalmente rufaram, com estrondo os canhões. [...] Coube a Freud, portanto, a inteligência ou a sensibilidade de verificar a existência de uma *lógica* que sobreviveria 'extimamente' nas filigramas da paixão, ou melhor, da doença (mental, no caso). Não podemos afirmar, contudo, que o contrário também é verdadeiro, e que então ele teria intuído igualmente a presença de um *pathos* no *logos* (DIONISIO, 2017, p. 29-30).

Parente (2017), por seu turno, propõe que, a princípio, a Psicanálise esteve distante dos elementos materiais que permitiram que ela se constituísse enquanto conhecimento científico. Essa suposta neutralidade é avaliada pela autora como uma forma de supressão do caráter revolucionário presente nas concepções freudianas. Para a autora: "[...] Localizar traços da história nesses conceitos nos dá condições de reposicionar uma série de fundamentos cristalizados no interior da psicanálise" (PARENTE, 2017, p. 418).

É pensando nesse reposicionamento necessário de conceitos "cristalizados" presentes no campo psicanalítico que se justifica a nossa defesa e o desejo de que essa discussão esteja associada a uma pesquisa *implicada,* a partir do que Lacan (2003) discutiu na *Proposição de 9 de outubro* de 1967, sobre nenhum ensino falar do que é a Psicanálise, abordando, no entanto, que existe uma política presente nas intervenções em Psicanálise. O autor realizou a seguinte diferenciação: Psicanálise em extensão estaria associada à função social da Psicanálise, ou seja, à sua responsabilidade e à função colaborativa com a comunidade, seja científica, seja geral; e a Psicanálise em intenção, por outro lado, se referiria à sua função didática, à medida que, por meio de sua transmissão e contínua produção, seria possível preparar novos sujeitos que operem e distendam esse saber fazer.

Para o autor, a razão de a Psicanálise existir seria o meio de provocar uma experiência original e única. Além disso, para ele, por meio desse método, seria possível levar essa experiência a um nível no qual se pudesse pensar e extrair a ideia de finitude, assim como por meio tanto do pensamento psicanalítico quanto do seu fazer fosse possível pensar uma temporalidade que apontasse justamente para a sua continuidade. Nessa ideia de construção de um novo lugar a partir da quebra dos paradigmas postos até então, Lacan ainda defende que a Psicanálise teria se demitido do berço constitutivo, sem deixar de buscar a verdade a partir de um método próprio de decifração da realidade.

De acordo com Roudinesco (2016), na transição do século XIX para o século XX, os cientistas (entre eles, Freud) estavam voltados cegamente à ciência e tinham um grande apreço pela arte e por valores do liberalismo. No entanto, a Psicanálise, sobretudo nos princípios de sua elaboração, tinha como anseio e objetivo a proposição de uma "revolução simbólica", a qual resultou em um movimento de ruptura com outros domínios do saber e do pensamento como a Arte, Antropologia, Cultura e até mesmo a religião.

No interior dessa revolução simbólica, Bettelheim (1991) expôs que Freud não foi o único autor que inovou no campo da compreensão da sexualidade e no tratamento da doença mental. O autor entende que os trabalhos do psiquiatra e professor de Psiquiatria, Richard von Krafft-Ebing, possibilitaram uma abertura ao pensamento sobre as questões das perversões. A obra de maior destaque desse autor é denominada *Psychopathia Sexualis* e foi publicada no ano de 1886. Na análise de Bettelheim, "Krafft-Ebing abriu caminho para uma era de mudanças de atitude com relação à sexualidade em Viena e na Áustria, e de certa maneira preparou o ambiente que tornou o trabalho de Freud possível" (BETTELHEIM, 1991, p. 4).

Bettelheim (1991) interrogou-nos sobre o fato bastante curioso de que, quase que em sua totalidade, os métodos modernos para o cuidado com a doença mental, citando a Psicanálise, a Quimioterapia e o Tratamento de Choque, tenham surgido em Viena dentro de poucos anos. Esse fator nos proporciona indicativos de que as condições materiais estavam postas para a emergência da Psicanálise (tomada também no entendimento de *revolução simbólica*).

Roudinesco (2016) ainda apresenta que, desde as primeiras produções, é próprio da dinâmica de estudos que se constituiu nos primeiros círculos da Psicanálise que a sua história possa ser metaforizada como a própria formação de uma família recomposta[1], o que possui associação direta com as características do momento de sua produção. Desde os primórdios de sua constituição, a Psicanálise foi marcada por dissidências. Essas constantes rupturas são vistas como esperadas de um saber que se propõe resultado da escuta do particular, sendo atravessado pelas próprias subjetividades de uma dupla, aquele que se submete à experiência analítica e aquele que a realiza:

> Pensador iluminista, Freud era herdeiro de Kant e da ideia segundo a qual, para entrar no mundo da razão e do entendimento, o homem deve esquivar-se de todo tipo de alienação. Adotava a célebre máxima da coragem e da necessidade do saber - 'Ousa pensar por ti mesmo' - e acreditava na possível submissão dos instintos ao autocontrole. Assim, estava convencido de que as elites deviam guiar as massas e não contentar-se com o papel de representantes do povo. E, nesse ponto, permanecia aferrado a uma figura de autoridade patriarcal, ainda que erodida. Ao mesmo tempo, porém, pretendia-se um dinamitador dos ideais do progresso, uma vez que não cessava de reivindicar o Sturm and Drang, Goethe, Fausto, o 'pacto', com Mefistófeles, bem como a perigosa supremacia da paixão sobre a razão. Portanto, se por um lado permanecia à tradição do 'Iluminismo sombrio', por sua capacidade de se deixar enfeitiçar pelo demoníaco, o oculto, o *pharmakon*, ou 'a inquietante estranheza' (*Unheimliche*), por outro se distanciava de tudo isso ao invocar o ideal da ciência. E é

---

[1] Apesar de nosso objetivo ser o de analisar a crise da autoridade imaginária paterna, é digno de nota que nosso tema se encontra em íntima associação à questão familiar e ao seu modo de funcionamento. A constituição e o modo de operação da família tradicional burguesa, organizada em torno da figura paterna, atravessam a teoria freudiana e a compreensão do autor sobre como se dá a estruturação psíquica. Coloca-se, portanto, como objetivo atual para a clínica psicanalítica pensar sobre as inúmeras transformações pelas quais passou e tem passado a família para que a intervenção e a escuta permaneçam em direção às particularidades fundantes ao sujeito. Sobre isso, recomendamos outra produção da autora, denominada *A família em desordem* (ROUDINESCO, 2003).

> nesse jogo dialético entre sombra e luz que podemos situar Freud como herdeiro de Nietzsche, na medida em que seu projeto supõe uma vontade de transformar o romantismo numa ciência (ROUDINESCO, 2016, p. 249).

Conforme Roudinesco (2016), Freud, assim como Lacan, teria em sua escrita se entregue a um estilo a ser decifrado. Esse fato é próprio da associação livre. Esse é tanto o método e o estilo de escrita desses autores quanto é o método científico da Psicanálise. Isso atribui à Psicanálise um tom enigmático, permitindo uma quantidade quase que infinita – se não infinita – de interpretações.

Podemos considerar, a partir do que Roudinesco (2016) expõe, que a Psicanálise, em sua origem, ao longo de sua história, e ainda na atualidade, versa sobre o desbravamento e a construção de um novo lugar. Portanto, Freud, ao sistematizar a sua prática clínica, fundou um ramo do saber considerado "impossível" para o paradigma da ciência tradicional, positivista, e até mesmo para as chamadas ciências humanas, que estavam no ápice de seu desenvolvimento no final do século XIX.

De acordo com essa autora, para o paradigma da ciência tradicional, a Psicanálise seria nada mais do que literatura. Para as humanidades, representava como que um retorno do Mito. Na Filosofia, tinha o lugar de uma estranha Psicologia, que buscava correlacionar os princípios do darwinismo com os ideais românticos. Por fim, para a Psicologia, que engatinhava em suas pesquisas laboratoriais, a Psicanálise colocava em questão tanto seu objeto de estudo, a consciência ou o comportamento, quanto o seu método, a observação, descrição, sistematização e categorização. Consideramos, portanto, que o não pertencimento e o que é da ordem da criação é próprio do cerne constitutivo da Psicanálise e seu lugar dentro das ciências se coloca como um desafio:

> Nunca é demais dizer como Freud, homem do Iluminismo e decifrador dos verdadeiros enigmas da psique humana, em contraponto a seu amor à ciência, não cansou de desafiar simultaneamente as forças obscuras próprias da humanidade para jogar luzes sobre a pujança subterrânea, correndo o risco de nela se perder (ROUDINESCO, 2016, p. 330).

O não lugar que se apresentava para a Psicanálise manifestava-se não apenas no *locus* da ciência, mas também em sua terapêutica, orientada pela proposta clínica de cura pela fala, a qual atualmente é entendida como direção de cura. Roudinesco (2016) afirma que a experiência clínica da Psicanálise não pertencia nem à Medicina nem à Psicologia, mesmo que, em alguns momentos, pudesse ser concebida como um elemento capaz de ter influência sobre a Psiquiatria. Podemos afirmar, partindo das explicações da autora, que a proposta de tratamento das doenças mentais – em modo amplo, escuta ao sofrimento psíquico – realizada por Freud foi revolucionária à medida que deu voz e autonomia a seus pacientes, deslocando a autoridade posta no saber-fazer médico tradicional (Medicina), para a alteridade do paciente.

Nessa nova sistematização, Freud buscou compreender o caminho que faz com que ocorra a constituição psíquica do humano, sendo essa traçada da coletividade para a individualidade, o que conceituaria uma: "metapsicologia das relações entre o eu e as massas" (ROUDINESCO, 2016, p. 162). A autora ainda aponta que Freud era tanto um pensador do irracional quanto um teórico da democracia elitista.

A partir de agora, passaremos à apresentação das bases materiais que possibilitaram a emergência da revolução simbólica da Psicanálise na compreensão das subjetividades e no debate das ciências. Isso porque, frente a esse caráter revolucionário da clínica freudiana, defendemos a continuidade de seu fazer e da sua transmissão comprometidos a desvelar as dimensões de poder que atravessam o que se escuta no divã hoje. A continuidade da contribuição revolucionária da Psicanálise, circunscrita no campo clínico, implica, atualmente, na necessária consideração dos diferentes marcadores sociais da diferença: classe social; raça; gênero; e identidade sexual, os quais carregam a marca excludente do funcionamento social no modelo patriarcal.

2.1 Condições materiais da elaboração da Psicanálise: a Viena no final do século XIX e no início do século XX

Bettelheim (1991) explica que, no final do século XIX e início do século XX, Viena era chamada de *die alte Kaiserstadt*, que significa "a velha cidade imperial". Viena, por ter sido capital do Império Austro-Húngaro, era herdeira do maior império que o mundo pôde conhecer e superava, inclusive, o antigo império romano. Na análise do autor, o estado dos Hapsburgo foi o mais o importante reinado imperial na Europa e se colocou como um estado multinacional que agregava povos de diferentes línguas e regiões, por exemplo, da Alemanha, Hungria, Eslováquia, Croácia, Itália e Polônia. Bettelheim (1991) expõe ainda que o fortalecimento do nacionalismo colocou em dúvida os ideais vigentes até aquele momento, ocasionando uma ruptura no modo de funcionamento da sociedade e, por consequência, de seus paradigmas:

> A partir de 1848 inclusive, com a crescente onda de nacionalismo, esses variados povos que formavam o império começaram a exigir autodeterminação e logo depois independência total, ameaçando o império com o que parecia ser o caos. Essas forças poderosas da mente do homem comum eram contrabalançadas e mantidas em cheque pela presença do exército imperial, formado por todas as nacionalidades, e pelo respeito devido ao próprio imperador, que ele se esforçava constantemente por manter. Além disso, a capital Viena continuou a crescer em termos de influência cultural sobre a *intelligentsia* de todo o império, e de uma grande parte da Europa, como por exemplo os estados alemães e os Bálcãs. Podia-se dizer que na Europa Central e Oriental todos os caminhos levavam a Viena; que só não era a sede do império e das mais importantes instituições culturais na sua esfera de influência, mas, de longe, a maior cidade nessa vasta extensão geográfica. Na realidade, tratava-se da segunda maior cidade do continente europeu (depois de Paris), e por isso era natural que atraísse aqueles que desejavam abandonar as províncias em favor de uma vida no centro dos acontecimentos. Durante todo o século XIX, Viena continuou a crescer em tamanho, em oportunidades culturais, em renome científico e em importância econômica. E todo esse tempo o imperador conservou a coroa, tornando-se mais respeitado a medida que envelhecia (BETTELHEIM, 1991, p. 5).

Entre os nomes de expressão intelectual que estavam produzindo em Viena, Bettelheim (1991), para além de Freud, destaca: Theodor Herzl, elaborador do Sionismo[2]; Gustav Mahler e Johannes Brahms, intelectuais da área da música; Oskar Kokoschka, da pintura; Josef Hoffmann, da arquitetura; Elias Canetti, Prêmio Nobel de Literatura; e Franz Cizek, da educação.

Parente (2017) traz uma contribuição importante ao método de nossa investigação quando defende o argumento de que existe uma tangencialidade entre o método do Materialismo Histórico-Dialético e o da Psicanálise. Se o primeiro propõe que a base material de produção da vida determina a superestrutura, concepções, ideias, pensamentos e modos de ser, a Psicanálise, desde Freud, inovou ao explicar que o afeto, entendido como dado material, também constitui elemento de provocação de alterações na sociedade. Nas palavras da autora:

---

[2] Política de defesa de um Estado autônomo para o povo judeu.

> [...] a materialidade econômica – produção para alimento e sobrevivência e sua organização social – é que determina uma ideologia e as superestruturas sociais, não o contrário. Mas se os marxistas têm uma lição a dar à psicanálise, esta também tem algo a ensinar aos marxistas – como bem observaram os frankfurtianos. [...] é necessário apenas que se acrescente mais um elemento a essa materialidade: os afetos, que, como mostrou Freud, impregnam inclusive palavras e ideias – representações. O afeto é algo palpável, que se fixa na carne e impregna a vida anímica, devendo ser considerado equiparável ao alimento, ao trabalho e à moradia que organizam a base das diferentes superestruturas sociais. Nesse sentido, a psicanálise, a nosso ver, tem a tarefa de pensar como esses afetos são historicamente calcados, sem fazer das ideias sobre eles – que se tornaram conceitos psicanalíticos – o mesmo que se faz nas diferentes formas de ideologia pertencentes às classes dominantes, sobrepostas ao sumo material e histórico que as alimenta. Os afetos não são naturais e se manifestam com tonalidades e contornos próprios a determinadas épocas, classes, lugares. Se a materialidade afetiva pode ser apreendida no calor da transferência analítica, essa relação concreta deve ser pensada pelo psicanalista também à luz da materialidade histórica que funda determinados modelos de relação afetiva e o modo como esses modelos atravessam os muros dos consultórios (PARENTE, 2017, p. 49-50).

Segundo Parente (2017), os eventos materiais de ruptura de paradigmas, como a Reforma Protestante, a Revolução Francesa, assim como a Primeira Grande Guerra Mundial, manifestaram de maneira inequívoca a ausência do "grande Outro". Esses, portanto, foram acontecimentos que escancararam a crise da autoridade imaginária para a Europa, atravessando o Império Austro-Húngaro, cenário de produção dos conceitos e técnicas freudianos, trazendo consequências estruturantes para o pensamento ocidental.

Para pensarmos nas condições estruturais postas para além do contexto vienense, Pereira (2006) destaca a existência de três grandes momentos de ruptura, também considerados três Revoluções, que estabeleceram os ideais burgueses e liberais: a Revolução Gloriosa, em 1688; a Independência dos Estados Unidos da América, em 1776; e a Revolução Francesa, em 1789. Esses momentos se colocam como determinantes para a compreensão da crise da autoridade imaginária paterna anunciada sobretudo pelo Modernismo, o qual é entendido pelo autor como produto de uma ruptura política do mundo atual, decorrente do fracasso dos ideais até então postos e encarnados na figura imaginária da autoridade: Deus e seus representantes; rei; pai. Essa transformação não se deu sem consequências, pois gerou alterações significativas para as subjetividades e impôs uma nova ética:

> Tal ética é revivificada na modernidade pelos ideais burgueses e liberais estabelecidos em suas revoluções. Fundamentalmente, são três: a "Gloriosa", de 1688, em solo inglês, que garantiu que o poder da Coroa seria definitivamente repartido com o Parlamento, e que doravante nunca mais seria absoluto; a da "Independência", proclamada em 1776 pelos norte-americanos, que resultou na mais liberal (e talvez plagiada) constituição suprema de um Estado moderno; e, sobretudo, a "Revolução Francesa", de 1789, maior inspiradora política, cultural e intelectual da mística da modernidade, em cujo brasão cintila a tríade imortalizada na Declaração dos Direitos do Homem e do Cidadão, a saber, "liberdade, igualdade e fraternidade" (PEREIRA, 2006, p. 84).

Diante desse cenário de alterações estruturais da sociedade, Bettelheim (1991) elucida que a queda do Império Austro-Húngaro se iniciou três anos antes do nascimento de Freud, em 1859, e esses foram os anos em que as províncias mais prósperas, Itália Setentrional e a Toscânia, conquistaram as suas independências. No contexto da Viena *fin-de siècle*, capital do Império Austro-Húngaro, Parente (2017) considera como característica estruturante da sociedade um *apuro estético*.

Essa autora ainda explica que, em 1860, a burguesia já preparava a reurbanização da cidade em consonância aos ideais de beleza propostos pela cultura presente na Viena *fin-de-siècle,* fortalecendo os traços de exclusão social e mantendo tudo aquilo que não estava referido aos ideais de progresso postos pela modernidade à periferia. Esse elemento, destacado pela autora como portador de contradições, evidencia a convivência de dois estilos conflitantes: "o passado nobre e o presente liberal" (PARENTE, 2017, p. 58). A esse respeito, Hanke (2008) expõe que as revoluções que alteraram o regime de governo autocrático no ano de 1848 já apontavam para uma característica nacionalista e para um movimento liberal em defesa da democracia. Esses movimentos denunciavam o declínio da monarquia pelo fato de a política interna já não apresentar consistência frente aos valores do liberalismo.

Castro (2010, p. 21) assinala que o Império Austro-Húngaro foi formado por uma dinastia dual, que teve sua origem marcada pela guerra e pelo consequente avanço científico, intelectual e tecnológico. O autor sugere que esses progressos tinham marcas higienistas e sanitaristas e cita alguns exemplos: "a canalização do Rio Danúbio, a renovação da rede de abastecimento de água potável, a construção de uma rede ferroviária urbana". Para esse autor, o marco de maior significado do progresso desenvolvido no Império Austro-Húngaro, em termos de economia, aumento demográfico, conhecimento e urbanização foi a construção em Viena da *Rinstrasse*. No entanto, esse avanço conviveu com traços de desigualdade social, o que em si apontava para a insuficiência da política liberal recém implementada:

> Entretanto, estes melhoramentos não foram suficientes para livrar o Império dos fracassos na unidade nacional, na justiça social, no aprimoramento de sua economia e na moralidade pública, que produziram, no começo da década de 1870, uma crise profunda de confiança no liberalismo, antes que ele tivesse a oportunidade de estabilizar seu poder recém-obtido (CASTRO, 2010, p. 23).

Nessa mesma direção dos elementos contraditórios, Bettelheim (1991) apresentou o argumento de que esse traço do ambíguo, ambivalente, por estar presente na sociedade vienense, possibilitou a Freud a decifração da histeria e da neurose, pois essas falavam de adoecimentos decorrentes do tensionamento entre forças opostas do psiquismo: desejos *versus* suas consequentes interdições morais. No entendimento desse autor, a Psicanálise foi apenas uma das expressões, sem dúvida marcadamente considerada como um grande progresso intelectual, porém, ainda assim, uma das expressões intelectuais presentes em Viena e que explicitavam a decadência presente na esfera econômica, política e social.

Ademais, esse movimento teria possibilitado aos vienenses realizar um deslocamento da atenção do que ocorria no mundo, num aspecto geral, para o que estava sendo gestado em seu mundo interior. Importa-nos destacar, a esta altura, como a própria Psicanálise possui, em seu método, esse movimento de deslocamento, ou seja, de uma busca na interioridade da constituição psíquica particular a causalidade da doença mental.

Na sociedade vienense, era igualmente marcante a busca pelo desenvolvimento na esfera artística, cultural, científica. A esse respeito, podemos afirmar que a inspiração freudiana se fundamentou nessa característica.

Parente (2017), contudo, destaca que, no campo político, as aspirações eram modestas. Como marca da moralidade, a autora destaca o intenso julgamento, o que nos permite verificar quanta resistência a teoria freudiana encontrou nesse contexto. Isso se manifesta, sem dúvida, inclusive, no estilo de escrita de Freud, que sempre inicia seus textos destacando que suas elaborações não eram isentas de críticas e que os argumentos que construía não poderiam convencer aqueles que se negavam a considerar a existência do inconsciente.

Winograd e Klautau (2014) ao apresentarem um ensaio sobre a relação entre Freud e seu contexto social consideram que essa relação, apesar de boa, não deixou de ser atravessada por ambiguidades. As autoras demarcam que a sociedade vienense recebeu com hostilidade muitas das concepções freudianas, ao mesmo tempo, Freud não deixou de expressar o seu descontentamento para com a cidade. Essa insatisfação estaria registrada nas correspondências entre Freud e a sua noiva e também entre ele e Fliess.

A respeito dos conflitos presentes na Viena *fin-de-siècle*:

> Angelika Bäumer (1986) mostra uma sociedade austríaca do final do século XIX marcada por condições precárias e baixas expectativas de vida, pela falta de saneamento básico nas casas dos trabalhadores explorados, além da fome generalizada vivida por essa classe. Tais condições não eram mais suportadas, já que os social-democratas haviam feito a promessa de abolir essa realidade. Uma desesperança pairava no ar. Aristocratas e elite política tinham a intenção de melhorar a situação socioeconômica, mas eram incapazes de fazê-lo. O antissemitismo tornou-se válvula de escape e pretexto para o populismo de Karl Lueger. A cena, enfim, era calamitosa, mas as aparências mantinham-se intactas. Erigia-se uma espécie de teatro; as máscaras que encobriam as faces dos atores das classes privilegiadas refletiam alegria e leveza, e os conflitos sociais passavam longe do palco (PARENTE, 2017, p. 64-65).

Parente (2017) indica que, na sociedade liberal, era possível a ascensão social, sendo o próprio Freud um representante dessa possibilidade. Essas dicotomias e contradições, presentes na sociedade vienense, acabaram acarretando uma manutenção da ideia de belo pela elite e, concomitantemente, deu-se uma perda de credibilidade e da crença no futuro pelo acirramento das tensões sociais, que gerou um sentimento de ansiedade permanente, o qual, entretanto, não encontrava representação perceptiva entre os vienenses.

Essa autora sustenta que uma alternativa social a esse mal-estar foi buscada no entretenimento. Esse caminho, segundo a autora, era defensivo e colocava num lugar comum burgueses, aristocratas e artistas com a mediação dos espetáculos. Assim, as condições histórico-sociais foram enfrentadas com uma espécie de "cortina de fumaça". Vejamos:

> Reiterar o *status quo* do regime monárquico, figurando como espírito livre, era destreza que os vienenses tinham aprendido bem. [...] O retrato histórico e social, assim, era sempre enlevado sob uma cortina de fumaça, e a realidade aparecia com uma bela roupagem (PARENTE, 2017, p. 73-74).

No entanto, por se tratar de uma defesa, e não de um movimento elaborativo da crise instaurada, esse mal-estar começou a gerar sintoma. Os responsáveis por traduzir em representação científica e intervenções clínicas aquilo que estava sendo vivenciado pela cultura e que aparecia pela via do sintoma foram Freud e os primeiros psicanalistas. A esse respeito, também Winograd e Klautau (2014, p. 205) consideram que:

> Na virada do século, Viena apresentava uma característica bastante peculiar: seus mais refinados intelectuais se preocupavam com o indivíduo numa sociedade em desintegração. Daí resulta, sem dúvida, a contribuição austríaca para uma nova concepção de homem. Enquanto a cultura liberal tradicional centrava-se sobre o homem racional – cujo domínio científico sobre a natureza e o consequente moral sobre si deveriam criar a boa sociedade –, no século XX este homem deu lugar ao chamado homem psicológico. Ele aparece a partir da crise política cultural vienense que dividira a cidade entre um moralismo científico e um esteticismo contraditórios, porém não excludentes. A intelligentsia tinha, desse modo, sua forma de defesa contra a crise.

Parente (2017) apresenta que a inauguração da Modernidade criou um campo enigmático, em que a manifestação da angústia foi traduzida em melancolia, a qual é a marca do sofrimento humano desde a sua emergência:

> Como traço próprio da modernidade (Kehl, 2009), o que a melancolia revela é o fracasso de seu projeto. Se a modernidade traz liberdade, seu preço incontornável é a angústia. O entusiasmo com a autonomia outorgada pelos valores modernos e a destituição do lugar de tutela, antes compulsória, desembocam em sentimentos de profundo desamparo. Enquanto o sujeito tutelado procurava recalcar aquilo que

> o faria destoar de seu lugar de objeto de desejo do Outro, o melancólico busca repetidamente inscrever-se no Outro, fazendo-se objeto de seu desejo. Órfão, a marca do sujeito inscrita no Outro é extremamente tênue, quase evanescente (PARENTE, 2017, p. 85).

Em relação a outro marco histórico, que atravessou e gerou alterações significativas às produções psicanalíticas, Roudinesco (2016) explica que a Primeira Grande Guerra Mundial acarretou uma dupla consequência à Psicanálise. De um lado, a guerra dificultou uma organização que estava se consolidando, que aqui chamamos de uma organização formal, institucional, pois se refere aos grupos de discussões, à realização de congressos e a processos de editoração das publicações, também as correspondências foram interrompidas, isolando os primeiros elaboradores da Psicanálise e gerando limites aos debates teórico-clínicos. De outro, apresentou novos interrogantes a respeito do funcionamento psíquico tanto individual quanto coletivo. Não obstante, esse movimento se deu como que em contracorrente, impulsionando a produção de novos conceitos, os quais revolucionaram a metapsicologia freudiana.

Roudinesco (2016) apresenta um escrito de Freud para Lou Andreas-Salomé sobre a Guerra, a partir do qual podemos perceber um processo de consolidação da perspectiva freudiana a respeito de uma desilusão, ou melhor, desidealização do homem como ser criado para as luzes, para o racional e domínio intelectual de suas pulsões:

> 'Não duvido que a humanidade venha a se recuperar dessa guerra', escrevia a Lou Andreas-Salomé em novembro de 1914, 'mas sei com certeza que eu e meus contemporâneos não veremos mais o mundo risonhamente. Ele é muito feio. O mais triste nisso tudo é que ele é exatamente tal como deveríamos ter representado os homens e seus comportamentos segundo as experiências instigadas pela psicanálise. Foi por conta dessa posição a respeito dos homens que nunca pude me colocar em uníssono com seu bem-aventurado otimismo. Concluí, no recôndito de minh'alma, que, uma vez que vemos a cultura mais elevada de nosso tempo tão horrivelmente aviltada pela hipocrisia, é porque organicamente não éramos feitos para essa cultura (ROUDINESCO, 2016, p. 205).

Nesse sentido, a teoria psicanalítica explicitou, para o campo do saber, aspectos que, para a Filosofia, Psicologia e demais ciências, eram de difícil assimilação/aceitação. A partir das discussões propostas por Roudinesco

(2016), podemos considerar que Freud, atento e sensível a seu tempo e conhecedor da relação entre as características históricas com relação à produção das subjetividades e também daquilo que atravessa a humanidade em termos de elementos comuns, recorreu às Artes e à Cultura para confirmar, atribuir lógica e argumento às suas concepções hipotéticas. Por essa razão, fundamentou a sua posição de autoridade, bem como a autoridade do conhecimento e do campo psicanalíticos.

De acordo com Bettelheim (1991), a investigação sobre os traços psicológicos e suas complexidades era uma marca da cultura de Viena. Para o autor, o interesse se voltava tanto para o entendimento dos elementos desconhecidos presentes nesses estados quanto para a partir dessa compreensão buscar um domínio desses aspectos por meio de atividades criativas. Bettelheim expôs que essa característica se revelou em outros campos para além das produções psicanalíticas. Vejamos:

> Que eros e tânatos são as pulsões mais profundas e fortes do homem foi uma ideia que ocorreu a outros além de Freud e Schnitzler. Uma das maiores obras de Brahms, seu *Réquiem Alemão*, tem por tema central que 'em meio a vida estamos cercados pela morte'. Mahler compôs músicas sobre a morte de uma criança, uma sinfonia da ressureição e, para coroar sua obra, a *Oitava Sinfonia*, na qual combina uma missa medieval com a última parte de *Fausto* – sua apoteose, em que na morte é salvo pelo amor de uma mulher, sugerindo que somente na morte é possível a verdadeira realização (BETTELHEIM, 1991, p. 13).

No início do trabalho freudiano, a sua proposta era saber como dar uma resposta à autoridade instituída do saber, representada pela ciência tradicional, em termos de método e experimentação. Era como se ele precisasse se submeter inquestionavelmente à lógica tradicional das ciências naturais. Com as alterações postas pelas mudanças estruturais da sociedade, assim como com o desenvolvimento de seu próprio processo de sistematização e escuta, Freud vai *declinando* do saber tradicional posto e se autorizando a uma escrita mais livre que agrega os elementos contraditórios presentes no campo social para a análise dos processos constitutivos do psiquismo.

Sobre o determinismo revolucionário que a Primeira Guerra Mundial trouxe para a Psicanálise e para a escrita freudiana, Roudinesco (2016, p. 205) assinala que:

> Quisesse ele ou não, a guerra o atingia em todos os flancos: estava irascível, multiplicava os lapsos, contava anedotas judaicas para lutar contra a angústia. Sua libido, dizia ele, sem acreditar de verdade, estava irredutivelmente mobilizada pela Áustria-Hungria. Quanto à sua teoria, não está seguro de saber então resumi-la.

Consoante à autora, nesse segundo momento, a obra freudiana recebeu um novo tensionamento, constituído pelas características de revolução social, que inclusive eram vistas, a princípio, com resistência por Freud. Com o avanço do cenário bélico, Freud foi se aproximando e sistematizando o entendimento de que as pulsões carregavam um princípio de elevada potência destrutiva, impossível de ser domesticado e submetido totalmente ao processo civilizatório, mesmo e apesar de todo o desenvolvimento cultural, científico, filosófico e/ou artístico:

> Em outros termos, Freud tomava consciência de que aquela guerra, engendrada pelo nacionalismo e o ódio dos povos, traduzia a quintessência de um desejo de morte próprio da espécie humana. Ela vinha lembrar ao sujeito moderno que ele não passava do herdeiro de uma genealogia de assassinos e que a guerra o reconduzia a uma arcaicidade pulsional, cujos contornos ele próprio descrevera em *Totem e tabu*, e que o autorizava a transgredir o interdito da condenação à morte do outro (ROUDINESCO, 2016, p. 206).

Na concepção de Roudinesco (2016), a metapsicologia freudiana deve ser compreendida, em paralelo à metafísica, como o conhecimento das representações do vivido em termos do que está para além dos processos conscientes. Nesse sentido, a Psicanálise se diferenciou da Psicologia, tornando-se um campo autônomo e independente da Psicologia, da Filosofia e também da Biologia. A autora ainda destaca que a particularidade dada por Freud a Psicanálise é tamanha que o autor chegou a negar o pertencimento da Psicanálise às ciências humanas. A Metapsicologia freudiana representa assim a compreensão dos aspectos econômico, dinâmico, e tópico do psiquismo. De acordo com Roudinesco (2016), os textos metapsicológicos estão entre os mais comentados e, contraditoriamente, os menos estudados pela comunidade científica:

> E foi nessa perspectiva que entre 1915 e 1917 agrupou, precisamente sob o título de *Metapsicologia*, cinco ensaios austeros e complexos, que contrastavam com seus escritos anteriores: 'Pulsões e destino das pulsões', 'Recalcamento', 'O

> inconsciente', 'Um suplemento metapsicológico à doutrina do sonho', 'Luto e melancolia'. Propunha distinguir dois grupos de pulsões, o das pulsões de auto conservação e o das pulsões sexuais. Jogava luzes nas diferentes inversões de pulsões com objetos, alvos, pessoas, pares opostos: sadismo e masoquismo, voyerismo e exibicionismo, passividade e atividade. E esboçava um quadro sombrio das múltiplas facetas mediante as quais o ser humano sente prazer em seduzir, ostentar, atormentar-se atormentando o outro, odiar, ao passo que declara amar. [...] Nessa nova perspectiva, o inconsciente, segundo Freud, não tinha mais muita coisa a ver com *A interpretação dos sonhos*. Decerto ele só era acessível quando transposto ou traduzido nos sonhos, lapsos, atos falhos ou conversões somáticas. Contudo, era igualmente outra coisa: uma hipótese, um processo 'em si', uma forma derivada da antiga animalidade do homem revista e corrigida segundo um princípio oriundo da filosofia de Kant. E Freud alertava no sentido de nunca substituir a percepção da consciência pelo psiquismo inconsciente, ainda que este permanecesse menos incognoscível que o mundo exterior (ROUDINESCO, 2016, p. 209-210).

É em decorrência dessa independência dada à Psicanálise como uma teoria que contempla explicações sobre a gênese do psiquismo, suas características estruturantes, e respostas a um novo modelo teórico para além das autoridades postas pelo saber filosófico e médico tradicionais que podemos considerá-la como não apenas uma resposta a *"o que é um pai?"*, mas também uma compreensão do funcionamento psicológico *para além do pai*. Uma compreensão possível dos processos de subjetivação decorrentes da crise psicológica instaurada a partir do abalo da autoridade imaginária paterna decorrente das alterações político-sociais do cenário histórico analisado.

2.2 As características sociais e o estudo das patologias psíquicas: do sofrimento situado no campo social às características de estruturação subjetiva no final do século XIX e início do século XX

Consideramos que o método psicanalítico pressupõe uma análise da formação do sintoma, bem como uma compreensão dos caminhos do sofrimento psíquico de uma forma contextualizada, já que o afeto, conforme apresentado, é um dado material. A partir da Psicanálise, compreendemos, fundamentados em Silva Junior (2018), que cada época produz os seus modos de sofrimento e os sintomas dele derivados. Nesse sentido, discutimos os elementos históricos que colocaram a neurose, sobretudo, a histeria como pauta no debate das ciências e da clínica médica e como sintoma denunciador das modalidades de sofrer presentes na transição do século XIX para o século XX, sendo esse o principal objeto de investigação da clínica freudiana.

Esse estudo se faz necessário, pois, tal como temos proposto, a Psicanálise foi uma resposta possível para a modalidade de sofrimento denunciada pela histeria, a qual é a expressão de um sofrimento datado. Nessa perspectiva, as características da sociedade vienense passam a ser entendidas como os fatores sócio-históricos determinantes da neurose e da histeria. Essas formações subjetivas particulares, vinculadas etiologicamente à estrutura social, serão aqui analisadas. A esse respeito, vejamos o que defende Bettelheim (1991, p. 10):

> O clima psicológico de Viena durante a decadência do império, e os sentimentos mórbidos que permeavam a cidade em consequência desse período, são o pano de fundo digno, e até necessário, para um exemplo extremo de grave conflito edipiano com o pai – neurose, sexo, homicídio e suicídio. Uma demonstração vívida e chocante das tendências destrutivas inerentes ao homem, que Freud iria investigar e descrever anos depois. Refletia também a íntima ligação entre pulsão sexual e pulsão de morte – uma relação que Freud procurou estabelecer nas suas explorações dos aspectos mais obscuros da psique humana.

No entendimento freudiano, os termos *histeria* e *neurose* foram alvos de muitos preconceitos pela tradição, a qual os compreendia como doenças que afetavam os órgãos sexuais femininos. Na concepção do autor, O "nome 'histeria' tem origem nos primórdios da medicina e resulta do preconceito, superado somente nos dias atuais, que vincula as neuroses às doenças do aparelho sexual feminino" (FREUD, 1996 [1888], p. 77).

Pontuamos que o próprio Freud (1996 [1888]) realizou uma contextualização histórica do estudo das neuroses, atribuindo uma significância aos trabalhos realizados por Charcot no hospital Salpêtrière, na França. Na análise de Freud, até as investigações de Charcot, muito preconceito e exclusão circulavam em torno da relação que a sociedade estabelecia com o sofrimento mental de ordem neurótica, o qual chegou a ser considerado simulação, portanto, para muitos clínicos tradicionais, indigno de ser trabalhado pela Medicina. Apesar dos avanços e da contribuição histórica de Charcot para a compreensão da histeria, na concepção freudiana, ainda em 1888, se tinha uma situação no campo médico de reduzir a análise da histeria à descrição do fenômeno.

Diante desse contexto, a Psicanálise elaborou-se como um saber, que, para além de descrever o fenômeno, propôs a sua análise e, consequentemente, a intervenção clínica. Nesse sentido, a sintomatologia histérica era caracterizada por: ataques convulsivos; zonas histerógenas; distúrbios da sensibilidade; distúrbio da atividade sensorial; paralisias; contraturas; características gerais (tendência ao exagero, mutabilidade dos sintomas nos pacientes – alteração da função fenomênica). No final do século XIX, Freud (1996 [1888]) apresentou como forma de tratamento para esse sofrimento a influência da "excitação" e a "sugestão hipnótica". Ambos foram superados, em termos de método, com o desenvolvimento de seus conceitos e do campo teórico, os quais são produtos da escuta ativa do clínico para o que diziam as suas pacientes.

Freud (1996 [1888]) destacou outra importante marca dos quadros histéricos, chamados também de distúrbios, que seria a permanência de curso das condições anatômicas do sistema nervoso, ou seja, a preservação dos aspectos biológicos do corpo. Esse elemento colocava a histeria como uma grande questão para a ciência da época, visto que a sua etiologia era desconhecida. Do ponto de vista da funcionalidade psicológica e de seus sintomas, Freud relatou, nessa data, que ainda não tinha total compreensão sobre as mudanças no curso e na associação das ideias, ou a respeito de inibições na atividade volitiva, exageros e repressão de sentimentos que o quadro histérico oferecia. Em resumo, Freud (1996 [1888], p. 86) apontou esses sintomas como "alterações na distribuição normal, no sistema nervoso, das quantidades estáveis de excitação".

No ano de 1888, Freud anunciava a determinação sexual na gênese da histeria e das neuroses de modo geral. Apresentamos a seguir esse diagnóstico em suas palavras:

> [...] Entretanto, tem-se de admitir que as condições *funcionalmente* relacionadas à vida sexual desempenham importante papel na etiologia da histeria (assim como na de todas as neuroses), e isto se dá em virtude da elevada significação psíquica dessa função, especialmente no sexo feminino (FREUD, 1996 [1888], p. 87, destaques do autor).

Sobre a importância atribuída à sexualidade na etiologia das neuroses, Roudinesco (2016, p. 128-129) considera que:

> As crianças e a infância ocupavam um lugar essencial na vida de Freud. E, uma vez que a seu ver todos os problemas afetivos dos adultos nelas se originavam, começou a redigir um pequeno texto no qual esclarecia suas teorias sobre a sexualidade infantil e, mais genericamente, a sexualidade humana. Foram os *Três ensaios sobre a teoria da sexualidade*. Após a suntuosa trilogia da virada do século, misto de relato autobiográfico com a exploração das diversas formações do inconsciente, Freud pretendia então atacar um domínio que, há anos, era objeto de uma profusão de estudos entre pedagogos, médicos, juristas e sexólogos. Nem por isso, e contrariando uma lenda tenaz, foi o herói de um grande desmantelamento do 'verde paraíso dos amores infantis'. Com efeito, em 1905, quando encetou o novo trabalho, esse domínio já se encontrava amplamente explorado pelos estudiosos da época, convictos de que a criança era uma criatura perversa e polimorfa. Em todo caso, Freud contribuiu para desconstruir ainda mais o universo da criança ao descrever a sexualidade infantil como uma 'disposição perverso-polimorfa'. O emprego do termo *Sexualtheorie* marcava deliberadamente uma ruptura com as abordagens anteriores, uma vez que com ele Freud designava as hipóteses levantadas pelos cientistas e as 'teorias' ou representações fantasísticas forjadas pela criança – e às vezes pelos adultos – para resolver o enigma da copulação, da procriação, da concepção e da diferença entre os sexos.

Roudinesco (2016) ainda pondera que a teoria da sexualidade infantil proposta por Freud fora inicialmente bem aceita dentro de seu contexto; porém, posteriormente ao reconhecimento internacional, recebeu críticas, as quais podem ser vistas como expressão de uma resistência à possibilidade de denúncia do que não andava bem no campo social:

> Foi, portanto, no momento em que começava a alcançar um reconhecimento internacional que se ergueram contra o freudismo as acusações de pansexualismo. A resistência a essa nova teoria da sexualidade, expressa nos *Três ensaios*, tornou-se então sintoma evidente de seu progresso efetivo (ROUDINESCO, 2016, p. 131).

A autora destaca que essas críticas que o freudismo recebeu estavam associadas a questões políticas, como o antissemitismo. Mezan (2003) pontua que essa objeção à teoria freudiana por parte da sociedade vienense ainda é uma questão na atualidade. Para o autor, o valor teórico das concepções de sexualidade infantil como fator estruturante do psiquismo e a vivência do Complexo de Édipo para a formação da identidade psíquica foram recebidos em Viena, em um primeiro momento com incredulidade, e, depois, com ataques e questionamentos. Ele ainda expõe que mesmo não sendo possível negar a consolidação e o valor das elaborações teóricas freudianas, uma maneira encontrada para colocá-las em questão teria sido associá-las à origem judaica de Freud. Esse elemento carrega um importante valor ideológico.

Apesar do questionamento moral e ideológico dos fundamentos freudianos, há, desde Freud, um método para a compreensão do sofrimento presente em sua época:

> A intuição genial de Freud é simplesmente ter considerado a neurose como a via de acesso ao funcionamento do psiquismo, admitindo que o anormal difere do normal apenas em grau e não por natureza. Ele estendeu o princípio biológico de estudar as disfunções como descontroles ou inibições da função normal ao estudo da mente, sem recuar diante das evidências que iam se impondo quando avançava por este caminho desconhecido (MEZAN, 2003, p. 61-62).

Um entendimento complementar e que avança na discussão das determinações históricas do sofrimento que atravessava os sujeitos em Viena na transição do século XIX para o século XX é apresentado por Parente (2017). Na concepção da autora, para além da repressão da sexualidade, que gerava a sintomatologia histérica, a melancolia também é entendida como um traço do sofrimento para o sujeito moderno, o qual foi inaugurado no contexto freudiano em decorrência das mudanças pelas quais a sociedade passava devido à queda do Império Austro-Húngaro. Nesse sentido, a repressão da sexualidade e a melancolia podem ser consideradas traços que atravessaram a subjetividade dessa época:

> No âmbito público do Império Austro-Húngaro, a legitimidade do poder monárquico é exígua, e o Bem – que no poder monárquico mantinha elos estreitos coma Igreja Católica – perde exatamente essa consistência, antes encarnada em autoridades menos suscetíveis. Essa perda exige manobras psíquicas complexas daqueles que têm de se haver com ela. Sendo visível a impostura daquele que veste o manto, segura o cetro e porta a coroa, opera-se psiquicamente uma forma

de mascarar essa percepção, principalmente após a Revolução Francesa e a expansão dos ideais republicanos, arduamente combatidos por Metternich, no próprio território vienense (PARENTE, 2017, p. 77).

De acordo com Parente (2017), o sentimento de melancolia preponderou como característica no Império Austro-Húngaro pelo fato de a ordem monárquica ter sido desestabilizada, assim como houve a:

> [...] morte não admitida da figura simbólica da autoridade soberana. [...] Tão forte quanto a histeria, um traço melancólico estava amplamente presente na Viena *fin-de-siècle* e se alastrava por quase todo o horizonte governado por Francisco José I, mesclado aos outros estados patológicos, como a histeria ou a neurose obsessiva (PARENTE, 2017, p. 84).

Para a autora, não haveria características tão distintas entre a melancolia e a depressão, as quais são quadros sintomáticos da Modernidade, e não da contemporaneidade, como a Psicanálise costuma considerar. A autora problematiza a questão da melancolia e a sua vinculação com as características do sujeito moderno, defendendo a hipótese de que o rompimento com o patriarcado ocorrido na Austro-Hungria, com a sua consequente representação psicológica de ausência da figura simbólica do pai, acarretou a vivência do desamparo para os sujeitos. Esse imputava um efeito traumático, que, para ser enfrentado, suscitou defesas de ordem melancólica, as quais denunciariam o fracasso do projeto da Modernidade ainda na data de sua instauração.

A autora conclui que, se por um lado a Modernidade apontou uma liberdade para os sujeitos, de outro, colocou-os frente ao sentimento de angústia, pois a ausência do lugar antes estabelecido pela suposta proteção da figura de autoridade monárquica, e consequentemente paterna, revelou um desamparo estrutural. Esse desamparo foi amplamente discutido por Freud em seu texto *O Mal-estar na civilização*.

Sobre essa relação entre uma melancolização do sujeito e as funções do *Superego*, também Alberti, Santos e Beteille (2019) ponderam que, em Freud, já estava sinalizada uma associação da função do *Superego* com as noções de gozo, humor e pulsão de morte. Esse fato é relevante, pois, tradicionalmente, a leitura realizada em Freud a respeito do *Superego* o reduz à função de instância moral. Para além de o ser, os autores destacam que há uma articulação da formação do *Superego* com as características do *Id* e que isso teria sido captado por Freud como uma dinâmica que revelava a contradição sentida e expressa pelos sujeitos frente aos sentimentos de prazer e de desprazer manifestos por meio do ganho secundário que se tinha em termos de "deleite" pela via da formação sintomática.

Para Parente (2017), existe ainda um traço em comum entre a melancolia e a obsessão, sendo esse referente a um ataque ao objeto. Esse movimento aponta para uma ambivalência de sentimentos (amor *versus* ódio) tão bem trabalhada por Freud no decorrer de sua obra e que é um ponto nodal da teoria psicanalítica. A autora explica que a ambivalência de sentimentos estava direcionada sobretudo à figura do pai morto e às defesas psíquicas que os sujeitos lançavam para lidar com a perda desse objeto. Ademais, o apego aos costumes e ao conservadorismo, perseguido de forma obsessiva na sociedade vienense, pode ser visto como um mecanismo de negação da ausência do referencial paterno, o qual é igualmente perdido como produto do medo da morte que a modernidade liberal escancarou às vivências subjetivas.

Podemos considerar, portanto, que Freud escutou as mudanças sociais que atravessavam a sua época de modo atento e de forma sensível. Essas alterações do século XIX para o século XX se expressavam em termos das consequências psíquicas imputadas às subjetividades e esse movimento ainda possibilitou o questionamento dos paradigmas até então estabelecidos para a produção do conhecimento.

Por essas razões, consideramos que as características da estrutura social colocaram as bases para a emergência da Psicanálise enquanto uma revolução:

> A revolução freudiana é uma revolução em nome da verdade e em nome do direito à palavra, que violentam a tranquilidade autocomplacente e exigem a remoção dos cosméticos ideológicos de que se cerca a vida quotidiana, especialmente a vida quotidiana da *Belle Époque*, envolvida pela repressão sexual, pelos edifícios ornamentados e pela linguagem conduzida pelo excesso de polidez ao esvaziamento da intenção significante (MEZAN, 2003, p. 63-64).

Neste tópico, pudemos apresentar a relação entre o sofrimento e o que estava posto no campo social, que encontrava expressão nas singularidades dos sujeitos que chegavam até o consultório de Freud, que, graças à sua sensibilidade, registrou e analisou essas manifestações subjetivas, construindo uma revolução teórica. Na próxima subseção, discutiremos a atividade psicanalítica como uma nova estratégia para o enfrentamento e para a elaboração da questão do desamparo.

2.3 A queda do império austro-húngaro, vivências de guerra e conflito psíquico: a atividade psicanalítica enquanto estratégia sensível para o enfrentamento do desamparo

Nesta seção, apresentamos discussões possíveis sobre a elaboração da Psicanálise enquanto uma resposta freudiana e do movimento psicanalítico para os conflitos psíquicos decorrentes do desamparo instaurado na sociedade vienense em função da queda do Império Austro-Húngaro e à consequente perda da segurança imaginária anteriormente vista na figura de autoridade representada pelo monarca e pelo pai. Além disso, analisaremos de forma crítica os sentimentos de desesperança e descrença nas figuras das lideranças mundiais gerados pelo atravessamento dos momentos de Guerra.

Roudinesco (2016) considera que Freud buscou formular uma explicação geral sobre o funcionamento psíquico humano nas tangencialidades dos saberes e campos, indo desde o teórico até a esfera política. A partir desse princípio, podemos afirmar que, embora a Psicanálise tenha sido elaborada a partir da experiência clínica, não se reduz a ela:

> A Psicanálise, essa estranha disciplina a meio caminho da arqueologia, da medicina, da análise literária, da antropologia e da psicologia mais abissal – a de um mais além do íntimo -, jamais foi reduzida por seu inventor a uma abordagem clínica da psique. Desde sempre Freud pretendeu constituí-la num sistema de pensamento totalmente à parte, suscetível de ser a bandeira de um movimento do qual ele não seria o chefe, mas o mestre. Da mesma forma, inscrevia seu ensino na herança das grandes escolas filosóficas da Grécia antiga, acrescentando-lhe certa tradição laicizada do messianismo judaico-cristão. Numa época de expansão do feminismo, do socialismo e do sionismo, Freud também sonhava conquistar uma nova terra prometida, tornando-se o Sócrates dos tempos modernos. E, para executar seu projeto, não podia se limitar ao ensino universitário. Precisava fundar um movimento político (ROUDINESCO, 2016, p. 135).

De acordo com Parente (2007), com as alterações efetivadas pela Guerra na sociedade, ficou instalado um sentimento de ausência de segurança outrora assegurado imaginariamente nas figuras de autoridade que representavam as próprias tradições sociais. A autora explica que, nos momentos que antecederam e na época em que a Guerra foi iniciada, devido a um sentimento nacionalista, havia a manifestação de uma crença, que foi se desfazendo, nas autoridades que estavam à frente do movimento político de declaração do conflito bélico. A autora destaca que o próprio Freud expressou esse sentimento de pertencimento posto pelo nacionalismo inicialmente e que, aos poucos, foi elaborando os conflitos evidentes na sociedade e preocupando-se com a situação social que estava sendo inaugurada:

> Segundo Ernest Jones, Freud foi uma dessas pessoas cujo enlevo aflorou no primeiro momento em que a guerra foi declarada. Sem ser mais ou menos perspicaz, foi simplesmente contagiado pelo furor das massas e demonstrou um 'entusiasmo juvenil', considerando-se pela primeira vez em trinta anos um verdadeiro austríaco (Jones, 1989, p. 179). Sentimento passageiro, como se há de presumir sobre o espírito sensato do psicanalista. Poucos dias foram necessários para subsistir o pessimismo em lugar da exaltação inicial. Seu abatimento proveio principalmente das intercorrências com os próprios caminhos da psicanálise – publicações, pacientes, encontros e congressos – e do fato de que dois de seus filhos estavam diretamente envolvidos na guerra. Seu atormentado sonho com um deles prova como a alma de Freud estava perturbada à época (PARENTE, 2017, p. 449).

Parente (2017) traz para as discussões o texto freudiano *Reflexões para os tempos de guerra e morte* (1915). Considera que esse texto, apesar de não ser tão recorrente nas discussões da clínica psicanalítica, se coloca como importante para a compreensão das transformações que o conflito bélico trouxe para a Psicanálise. Nele, Freud manifestou a sua desilusão em relação às compreensões de homem e de sociedade anteriormente expostas em sua teoria por conta de seu traço de pensador iluminista:

> Quase esquecido pelos círculos psicanalíticos que se voltam à clínica, o texto 'Reflexões para os tempos de guerra e morte', escrito por Freud (1915/1996) após seis meses de deflagrada a Primeira Guerra Mundial, traz o tom desiludido de um espírito iluminista. Freud constata o abismo entre potências da inteligência e forças pulsionais, já vislumbrando desde a criação da psicanálise, sem que sua máxima representação estivesse concretamente visível. É apenas com a guerra que algumas categorias freudianas ganham consistência na realidade. Forças ocultas das pulsões assumem a dianteira, deixando para trás a cautela apregoada pela razão. Um ar infantil impregna o homem de corpo maduro, e o manejo

> atabalhoado e irresponsável das situações mostra como o poder do inconsciente jamais pode ser negligenciado. Não é porque teve ideias quase premonitórias, contudo, que Freud está imune aos impactantes efeitos de suas manifestações concretas. Fica perplexo diante do fato de que os bens culturais e os valores mais elevados passem a valer quase nada no mercado da guerra. Para Freud, no rol de horrores promovidos por ela, "a própria ciência perdeu sua imparcialidade desapaixonada" (FREUD, 1996 [1915], p. 285 *apud* PARENTE, 2017, p. 450-451).

Parente (2017, p. 451) ainda levanta a hipótese de que, antes da guerra, os parâmetros de imparcialidade da ciência estavam preservados para Freud: "Em outras palavras: uma ilusão iluminista subsistia na mente liberal do psicanalista. O desencanto em relação à ciência prepondera, por conseguinte, apenas depois dessas intercorrências na Europa".

Na concepção de Parente (2017), Freud identificou o rompimento dos ideais que sustentavam a civilização com a Guerra, sendo esse um movimento do externo para o interno, ou seja, do campo social para o subjetivo. Dentre os ideais que são afetados, encontra-se a ciência. A partir dessa constatação, Freud reestruturou as bases teóricas da Psicanálise, que passou a se haver com a incapacidade das defesas repressivas e dos processos sublimatórios na regulação do encontro social.

Nesse sentido, há a produção de uma nova Psicanálise, assim como um reposicionamento desse saber no campo das ciências. A respeito do impacto da Guerra, da produção da ciência e do questionamento do princípio da neutralidade científica, Parente (2017, p. 452-453) explica que:

> Frágil e vulnerável aos terrores do mundo, o submundo das ciências chega à superfície. Submetidos de forma mais clara do que nunca aos interesses bárbaros dos comandantes, antropólogos são forçados a certificar inferioridade de uns em relação a outros; psiquiatras diagnosticam e atestam a presença de doenças psíquicas para aqueles que arriscam um compromisso com a verdade e apontam as incongruências do sistema; corrompidos pela esperança de glória, cientistas revelam mais do que nunca seu compromisso com o lado irracional do saber.

Consideramos que esse movimento de desesperança também se encontre manifesto na resposta que Freud escreve a Einstein quando questionado sobre as motivações psicológicas para a guerra. Segundo Strachey (1996), as ideias presentes nessa carta estão também desenvolvidas nos seus textos *O futuro de uma ilusão*, de 1927, e em *O mal-estar na civilização*, de 1930. A questão que Einstein propõe a Freud estava relacionada à motivação humana para a guerra e à possibilidade de haver alguma maneira de a civilização ficar livre de conflitos desse tipo. Podemos entender que Einstein manifestava tanto um desejo quanto uma expectativa de que internacionalmente existisse uma autoridade regulatória dos conflitos sociais e que esta fosse parâmetro para mediar a ausência de uma supremacia internacional, a qual denunciava a inexistência de uma autoridade nacional. Frente a essa indagação, a elaboração freudiana estruturou-se da seguinte maneira:

> Esta foi, por conseguinte, a situação inicial dos fatos: a dominação por parte de qualquer um que tivesse poder maior – a dominação pela violência bruta ou pela violência apoiada no intelecto. Como sabemos, esse regime foi modificado no transcurso da evolução. Havia um caminho que se estendia da violência ao direito à lei. Que caminho era este? Penso ter sido apenas um: o caminho que levava ao reconhecimento do fato de que à força superior de um único indivíduo, podia-se contrapor a união de diversos indivíduos fracos. *'L'union fait la force.'* A violência podia ser derrotada pela união, e o poder daqueles que se uniam representava, agora, a lei, em contraposição à violência de um indivíduo só. Vemos, assim, que a lei é a força da comunidade. Ainda é violência, pronta a se voltar contra qualquer indivíduo que se lhe oponha; funciona pelos mesmos métodos e persegue os mesmos objetivos. A única diferença real reside no fato de que aquilo que prevalece não é mais a violência de um indivíduo, mas a violência da comunidade. A fim de que a transição da violência a esse novo direito ou justiça pudesse ser efetuada, contudo, uma condição psicológica teve de ser preenchida. A união da maioria devia ser estável e duradoura. Se apenas fosse posta em prática com o propósito de combater um indivíduo isolado e dominante, e fosse dissolvida depois da derrota deste, nada se teria realizado. A pessoa, a seguir, que se julgasse superior em força, haveria de mais uma vez tentar estabelecer o domínio através da violência, e o jogo se repetiria *ad infinitum*. A comunidade deve manter-se permanentemente, deve organizar-se, deve estabelecer regulamentos para antecipar-se ao risco de rebelião e deve instituir autoridades para fazer com que esses regulamentos – as leis – sejam respeitadas, e para superintender a execução dos atos legais de violência. O reconhecimento de

uma entidade de interesses como estes levou ao surgimento de vínculos emocionais entre os membros de um grupo de pessoas unidas – sentimentos comuns, que são a verdadeira fonte de sua força (FREUD, 1996 [1932], p. 210-211).

Freud (1996 [1932]) assinala que as leis de uma sociedade são feitas pelos que governam, deixando um espaço para um pequeno tensionamento dos que se encontram em posição de dominação. Logo, ele considera que, em um primeiro momento, os que detêm poder em uma sociedade procuram a manutenção de sua condição por meio da dominação mediante a violência. Já em uma segunda oportunidade, os que se encontram em sujeição buscam um aumento do poder e do reconhecimento pela lei para passar da desigualdade a um espaço de justiça para todos. O autor ainda explicita uma terceira saída, que seria possível por meio de alterações na lei decorrentes das transformações culturais dos membros da comunidade.

Freud (1996 [1932]) indica, a partir das elaborações da Psicanálise, que a motivação para a guerra se encontrava vinculada à existência de um impulso à destruição e ao ódio nos homens:

> De acordo com nossa hipótese, os instintos humanos são de apenas dois tipos: aqueles que tendem a preservar e a unir – que denominamos 'eróticos', exatamente no mesmo sentido que Platão usa a palavra 'Eros' em seu *Symposium*, ou 'sexuais', com uma deliberada ampliação da concepção popular de 'sexualidade' -; e aqueles que tendem a destruir e matar, os quais agrupamos como instinto agressivo ou destrutivo. [...] Entretanto, não devemos ser demasiado apressados em introduzir juízos éticos de bem e mal. Nenhum desses dois instintos é menos essencial que o outro; os fenômenos da vida surgem da ação confluente ou mutuamente contrária de ambos (FREUD, 1996 [1932], p. 214-215).

Nesse escrito, Freud (1996 [1932]) expressa o desejo ideal de que a comunidade humana pudesse, por meio do domínio intelectual, regular sua vida pulsional ao mesmo tempo que expõe uma desesperança frente ao entendimento racional de que essa seria uma saída utópica. No entanto, assim como finaliza o texto *O Mal-estar na civilização* realizando uma aposta de que *o eterno Eros prevaleça a Tânatos*, Freud não deixa de expressar o seu desejo de que a cultura prevalecesse frente aos impulsos destrutivos:

> E quanto tempo teremos de esperar até que o restante da humanidade também se torne pacifista? Não há como dizê-lo.

> Mas pode não ser utópico esperar que esses dois fatores, a atitude cultural e o justificado medo das consequências de uma guerra futura, venham a resultar, dentro de um tempo previsível, em que se ponha um término à ameaça da guerra. Por quais caminhos ou por que atalhos isto se realizará, não podemos adivinhar. Mas uma coisa *podemos* dizer: tudo que estimula o crescimento da civilização trabalha simultaneamente contra a guerra (FREUD, 1996 [1932], p. 220).

Em relação às consequências postas pela Guerra para a Psicanálise, Parente (2017) apresenta que o contexto gerou revoluções internas à Psicanálise. A autora propõe pensar os termos "ilusão" e "desilusão" como categorias conceituais propriamente psicanalíticas e que, apesar da compreensão estabelecida, Freud manteve-se como um pensador iluminista, o que comprovaria ainda mais a coerência da reflexão da categoria de "ilusão" como um assunto psicanalítico. Ela explica que a consideração freudiana de que a agressividade é constitucional ao psiquismo se revelou de maneira explícita na ocasião do conflito bélico, haja vista que o campo social, mundo externo, autorizou a expressão de tais pulsões aos sujeitos. Nessa problemática, a autora ainda considera que à proporção que as recompensas do processo de civilização não estavam sendo possíveis aos sujeitos pela realidade externa, as pulsões agressivas podiam se manifestar com maior intensidade.

Parente (2017), tomando as ideias de ilusão e desilusão como conceitos psicanalíticos, propõe que Freud entendeu que a desilusão se colocava como uma resposta subjetiva à barbárie do campo social gestado pela Guerra. Para essa autora, o próprio Freud e a sua teoria revelam tanto o processo de ilusão com organizações morais e ideais quanto o processo de desilusão: "Quando as regras que vigoram hipocritamente para a manutenção da ordem se afrouxam entre os grupos, e também nos princípios ratificados pelo Estado, todos se sentem autorizados a dar livre curso ao que antes mantinham guardado a sete chaves." (PARENTE, 2017, p. 465).

Consoante a Parente (2017), o tabu em relação ao parricídio é rompido de maneira inaugural na Primeira Guerra Mundial. Vejamos:

> O principal elemento psíquico trazido pela Primeira Guerra é a substituição de *doutrinas da alma* ou *formulações de princípios éticos* pela *neurose*. Não porque antes da Grande Guerra não se observasse neurose ou terrores semelhantes e rupturas com os códigos previamente estabelecidos, mas há algo que

sensibiliza Freud: o fato de nesta guerra esses códigos, ou qualquer espécie de ritual simbólico, não serem suficientes para concatenar e elaborar os acontecimentos. Se as carnificinas da *Ilíada* têm algum sentido, é porque na narrativa do poeta cada gesto do herói é mediado por mãos divinas. O mesmo se pode dizer sobre a Revolução Francesa, que, embora tenha espalhado o horror com a navalha afiada da guilhotina, foi capaz de gerar simultaneamente o profícuo pensamento iluminista que alimentou toda a modernidade. No caso da Primeira Guerra, a vida é apenas uma mercadoria barata ou desprovida de valor que termina sem nome nem glória. Em setembro de 1918, Freud já apresenta um trabalho sobre as neuroses de guerra no V Congresso Internacional de Psicanálise, realizado em Budapeste (PARENTE, 2017, p. 467-468).

Parente (2017) introduz a ideia de que o momento de Guerra gerou para Freud e para a elaboração da Psicanálise um contexto de barbárie, trazendo consequências para o avanço de suas teorizações. Nesse sentido, dois acontecimentos históricos podem ser considerados como determinantes da crise de autoridade imaginária das figuras vinculadas à ideia de amparo e como motores para as produções que revolucionaram a posição da Psicanálise em relação à ciência, a saber: a queda do Império e a declaração da Guerra:

Em 1919, todos ficaram repentinamente sem o amparo do imperador, invadidos por uma confusão interna, obrigados a criar uma nova sociedade, agora órfã de pai. Não foi só a queda da monarquia que provocou isso; para muitos, a própria declaração de guerra já tinha sido a destruição do elo com o pai, pois supunham que nenhuma representação imaginária dele admitiria a matança cruel de seus filhos, a menos que fosse por necessidade extrema de defesa da mãe. Para muitos, defender a pátria ou a mãe-terra não parecia justificar os acontecimentos da Primeira Guerra Mundial, e a falência de todas as figuras que representavam essa ordem patriarcal pôde ser claramente observada, junto a uma sensação de profundo desamparo (PARENTE, 2017, p. 528).

Em *Psicologia das massas e análise do eu* (1921), conforme explica Parente (2017), Freud discutiu a queda da figura idealizada e onipotente e os efeitos psíquicos desse fenômeno, a condição de desamparo inerente à existência humana. Nesse sentido, é possível considerar a existência de dois momentos diferentes na obra freudiana:

> O que se pode dizer é que antes da Grande Guerra o processo sublimatório era preponderante como forma de simbolizar a vida e o mundo, o que se tornou insustentável após as atrocidades da guerra. Sublimar implica satisfazer pulsões por desvios da meta sexual e, simultaneamente, encontrar reconhecimento externo social para a produção e o resultado desse processo. É evidente que o processo sublimatório e seus resultados existem ainda hoje, mas é preciso admitir que, desde a Grande Guerra, os limites desse modelo se tornaram evidentes (PARENTE, 2017, p. 572).

Na perspectiva da autora, esse segundo momento da obra freudiana, marcado pelo psiquismo considerado em seu elemento de estranhamento, alterou os caminhos que seriam percorridos pela Psicanálise. Por meio do conceito do *Unheimliche*, a Psicanálise pôde oferecer uma compreensão sobre o funcionamento psíquico e a relação que o humano estabelece com a cultura na Modernidade.

Já no texto *Algumas lições elementares de Psicanálise*, Freud (1996 [1940]) considerou a Psicanálise como uma parte constituinte da ciência mental da Psicologia, possuindo um lugar diferenciado nas ciências naturais. Nesse sentido, Freud mudou o método da ciência natural tradicional para dar conta do problema teórico da Psicologia em termos de definição de seu objeto e de seu campo de estudo, o psiquismo:

> Também a psicologia é uma ciência natural. O que mais pode ser? Mas seu caso é diferente. Nem todos são bastante audazes para emitir julgamento sobre assuntos físicos, mas todos – tanto o filósofo quanto o homem da rua – têm sua opinião sobre questões psicológicas e se comportam como se fossem, pelo menos, psicólogos *amateurs*. E agora vem a coisa notável. Todos – ou quase todos – concordaram que o que é psíquico *tem* realmente uma qualidade comum na qual sua essência expressa, a saber, a qualidade de *ser consciente* – única, indescritível, mas sem necessitar de descrição. Tudo o que é consciente, dizem eles, é psíquico, e, inversamente, tudo o que é psíquico é consciente; isso é auto-evidente e contradizê-lo é absurdo. Não se pode dizer que essa decisão lance muita luz sobre a natureza do psíquico, pois a consciência é um dos fatos fundamentais de nossa vida e nossas pesquisas dão contra ele como contra uma parede lisa, e não podem encontrar qualquer caminho além. Ademais, a igualação do que é mental ao que é consciente tem o resultado incômodo de divorciar os processos psíquicos do contexto geral dos

acontecimentos do universo e de colocá-los em completo contraste com todos os outros. Mas isso não serviria, uma vez que não se pode desprezar por muito tempo o fato de que os fenômenos psíquicos são em alto grau dependentes das influências somáticas e o de que, por seu lado, possuem os mais poderosos efeitos sobre os processos somáticos. Se alguma vez o pensamento humano se encontrou num *impasse*, foi aqui. Para descobrir uma saída, os filósofos, pelo menos, foram obrigados a presumir que havia processos orgânicos paralelos aos processos psíquicos conscientes, a eles relacionados de uma maneira difícil de explicar, que atuavam como intermediários nas relações recíprocas entre 'corpo e mente', e que serviam para reinserir o psíquico na contextura da vida. Mas essa solução permaneceu insatisfatória (FREUD, 1996 [1940], p. 298-299).

Freud, nesse sentido, propôs uma teoria geral do psiquismo, superando a ideia tradicional de que o psíquico seria consciência. Esse seria apenas um atributo do psiquismo, vejamos as palavras do autor:

A psicanálise escapou a dificuldades como essas, negando energicamente a igualação entre o que é psíquico e o que é consciente. Não; ser consciente não pode ser a essência do que é psíquico. É apenas uma *qualidade* do que é psíquico, e uma qualidade inconstante – uma qualidade que está com muito mais frequência ausente do que presente. O psíquico, seja qual for sua natureza, é em si mesmo inconsciente e provavelmente semelhante em espécie a todos os outros processos naturais de que obtivemos conhecimento (FREUD, 1996 [1940], p. 299).

Portanto, para Freud, a Psicanálise se sustentaria no campo das ciências naturais, a partir de um paradigma subversivo em relação ao método tradicional e à compreensão do que é "natural". Assim, por meio da proposição de um novo método, Freud possibilitou a tradução dos processos inconscientes em conscientes, o que já estava anunciado no campo das Artes e da Filosofia:

A questão da relação do consciente com o psíquico pode agora ser considerada resolvida: a consciência é apenas uma *qualidade* inconstante. Mas há ainda uma objeção com a qual temos de lidar. Dizem-nos que, apesar dos fatos mencionados, não há necessidade de abandonar a identidade entre o que é consciente e o que é psíquico: os chamados processos psíquicos inconscientes são os processos orgânicos que há muito tempo foram reconhecidos como correndo paralelos aos mentais. Isso, naturalmente, reduziria nosso problema a uma questão aparentemente indiferente de definição. Nossa resposta é que seria injustificável e inconveniente provocar uma brecha na unidade da vida mental em benefício da sustentação de uma definição, de uma vez que é claro, seja lá como for, que a consciência só nos pode oferecer uma cadeia incompleta e rompida de fenômenos. E dificilmente pode ser questão de acaso que só depois de ter sido efetuada a mudança na definição do psíquico, se tenha tornado possível construir uma teoria abrangente e coerente da vida mental. Tampouco é preciso supor que essa alternativa do psíquico constituiu uma inovação devida à psicanálise. Um filósofo alemão, Theodor Lipps, afirmou muito explicitamente que o psíquico é em si mesmo inconsciente e que o inconsciente é o verdadeiro psíquico. O conceito de inconsciente por muito tempo esteve batendo aos portões da psicologia, pedindo para entrar. A filosofia e a literatura quase sempre o manipularam distraidamente, mas a ciência não lhe pôde achar uso. A psicanálise apossou-se do conceito, levou-o a sério e forneceu-lhe um novo conteúdo. Por suas pesquisas, ela foi conduzida a um conhecimento das características do inconsciente psíquico que até então não haviam sido suspeitadas, e descobriu algumas das leis que o governam. Mas nada disso implica que a qualidade de ser consciente tenha perdido sua importância para nós. Ela permanece a única luz que ilumina nosso caminho e nos conduz através das trevas da vida mental. Em consequência do caráter especial de nossas descobertas, nosso trabalho científico em psicologia consistirá em traduzir processos inconscientes em conscientes, e assim preencher as lacunas da percepção consciente (FREUD, 1996 [1940], p. 301-302).

Ao propor a leitura crítica da subjetividade de sua época, Freud sistematizou, via conhecimento científico, o inconsciente, teorizando, por consequência, a respeito do processo de constituição psíquica. Importa-nos destacar novamente que o inconsciente já vinha sendo tateado pela Filosofia, pela Literatura e pelas Artes de modo geral. Essa característica coloca a Psicanálise em constante relação com outras formas de produção de saber e criação. A esse respeito, Chaves (2018) assinala haver congruências entre a perspectiva freudiana e a dos artistas, sobretudo aqueles em relação aos quais ele possuía maior apreço e identificação. O autor destaca que essa característica se fez presente não apenas em referência a Leonardo da Vinci ou a Michelangelo, mas também a literatos, como Goethe e Shakespeare. O elemento de identificação entre esses artistas e Freud, o cientista, estaria na subversão dos padrões estabelecidos para a produção, fossem literárias, artísticas ou fossem científicas.

Há, em Freud, a utilização de um método que é elaborado para a ciência do psiquismo, a partir do campo da Estética: a análise da dimensão sensível. Assim como a Arte registra as transformações socioculturais de seu tempo, a ciência psicanalítica surge com essa proposta. No entendimento de Chaves (2018), Freud estabeleceu, sobretudo no texto *Totem e tabu*, a existência de uma associação direta entre as mudanças culturais nos campos da Arte, Religião e Filosofia com a produção das neuroses.

Portanto, podemos verificar a existência de uma relação de determinismo entre as características de transformação social postas pelo declínio do Império Austro-Húngaro, bem como pelo contexto de guerras e a produção de consequências para os processos de subjetivação, aos quais Freud estava sensivelmente atento e a respeito dos quais teorizou. A sua escrita, acompanhando essas mudanças, agregou elementos do campo social e do mito às artes, para construir uma revolução simbólica que pudesse propor uma saída elaborativa ao sofrimento, aos sintomas neuróticos e ao sentimento de desamparo presente em sua época.

A partir dessa compreensão, daremos sequência à análise de nossa questão, examinando a relação entre a queda do poder imperial e a crise psicológica instaurada imaginariamente nos processos subjetivos a partir dela. A proposta segue, portanto, com uma leitura crítica da relação entre o advento da Modernidade com a forma de sofrimento psíquico manifesta nas intervenções e no trabalho freudianos.

3

QUEDA DO IMPÉRIO AUSTRO-HÚNGARO, EXPRESSÕES DO PODER PATRIARCAL E CLÍNICA PSICANALÍTICA: DA RESISTÊNCIA ÀS TRANSFORMAÇÕES SOCIAIS À POSSIBILIDADE SUBVERSIVA

Neste capítulo, analisamos algumas das implicações que a queda do Império Austro-Húngaro trouxe para a expressão e a circulação do poder patriarcal. Conforme trabalhamos, esse abalo gerou uma transformação nas subjetividades decorrente da crise instaurada devido à perda do referencial imaginário do pai. Essa mudança, considerada importante, trouxe repercussões para a expressão subjetiva e para a produção do conhecimento e a prática clínica psicanalítica. Além disso, buscamos discutir a respeito das marcas de ambiguidade ou contradição que as concepções psicanalíticas carregam nesse contexto, a saber: aspectos de resistência e, por isso, conservadores; e subversivos, portanto, emancipatórios.

A fim de adentrarmos no núcleo da discussão proposta, consideramos necessário situar o contexto de anunciação da estruturação do sujeito na Modernidade. Chemama (2002) explica que o sujeito moderno, em sua caracterização, possui relação com os ideais colocados à sociedade por meio da Revolução Francesa, a qual fundou um novo contrato social. A questão da autoridade, com a Revolução Francesa, passou, na concepção do autor, a se colocar com o discurso democrático. Ou seja, não se tinha mais uma figura de autoridade concreta, o monarca, mas sim um discurso, um elemento simbólico, que realizava a substituição de um poder pessoalizado, outrora encarnado na figura do imperador, por seus substitutos, ou representantes derivados, a saber: principalmente a figura do pai na família tradicional burguesa.

A Modernidade não gerou apenas implicações para a expressão das subjetividades, mas também para a forma como o conhecimento estava estruturado. De acordo com Lebrun (2004), o advento do saber científico realizou um deslocamento da autoridade do saber às instituições sociais que até o início desse período estavam operantes, sendo uma motivação a mais para o declínio social da imago paterna e para o exercício da função paterna:

> [...] foi a sobrevinda do discurso da ciência e, sobretudo, sua realização atual que subverteu profundamente, de uma maneira inédita e frequentemente desconhecida dela mesma, o equilíbrio até então em jogo na família, cena da elaboração da realidade psíquica do sujeito e caldeirão da vida social, e que isso tornou difícil, então o exercício da função paterna (LEBRUN, 2004, p. 51).

Costa e Moreira (2010) associam a ideia de Modernidade com a questão da Sociedade de Produção[3] e consideram que a teoria freudiana aborda o mal-estar subjetivo dela derivado. Os autores ainda destacam a Modernidade como o projeto humano de maior grandeza já empreendido ao longo da história, por conta da revolução no pensamento e na ordem social até então vigentes.

Com a Modernidade, as questões do sujeito e da razão passaram a ser amparadas pela Filosofia e pelas ciências, já que houve a queda do Estado absoluto e do poder da religião. O ser humano, nesse sentido, considerado como dotado de razão e desejo, passou a buscar a autonomia. Logo, Filosofia e ciências podem ser consideradas como ideais modernos, ou então "novas autoridades". Esse elemento é interessante para pensarmos na questão da radicalidade do movimento e nas alterações provocadas na subjetividade. Freud estava atento a essas mudanças e, há tempos, realizava análises.

Em complementaridade, Arreguy e Garcia (2012) assinalam como consequência desse enfraquecimento da autoridade imaginária do pai, ocasionado pela Modernidade, uma diminuição do poder e da intensidade das tradições, do respeito e do respaldo social das instituições, assim como uma desqualificação da autoridade e da função paternas. Já Couto (2010) destaca a possibilidade para a produção de novas organizações familiares[4] como um construto social derivado do declínio da autoridade paterna, o que, a nosso ver, é um elemento interessante e com potencial transformador.

Conforme Parente (2017), a representação da autoridade tradicional-mente arraigada na cultura ocidental era realizada por figuras masculinas;

---

[3] Os autores ainda realizam uma explicação interessante de que a Pós-Modernidade estaria para a questão não mais da produção, mas sim do consumo.

[4] Como assinalado anteriormente, embora não seja a proposta da presente discussão, a abordagem das transformações familiares e o tema da crise da autoridade imaginária do pai encontram-se em íntima associação ao tema das mudanças que a família tem sofrido sobretudo após o século XX.

mas essa passou a perder a sua força um século antes do momento em que Freud produziu sua teoria. Essa perda de poder se deu de modo progressivo com a Revolução Francesa e foi seguida por outras condições socioeconômicas, como as guerras napoleônicas e a revolução de 1848, e verificamos a sua queda definitiva após a Primeira Guerra Mundial. A respeito do olhar de Freud para esse contexto, Parente (2017, p. 152) expõe que:

> A Revolução Francesa esfacelou a rigidez dos valores tradicionais e estremeceu as figuras representantes da autoridade. Depois do protestantismo e do advento dos valores iluministas, se dá a perda da verdade, antes inabalável, que sustentava toda a ordem hierárquica vigente. Até mesmo os valores iluministas são postos em xeque quando os liberais chegam ao exercício do poder. Longe de ser ingênuo, Freud percebe os paradoxos de sua época, mas, ainda que sua crítica seja extremamente aguda, ele continua sendo um vienense inveterado.

Nesse sentido, consideramos que, apesar de o sofrimento atravessar a condição do humano, com a ascensão do sujeito moderno, ocorre um *quantum* a mais de energia psíquica investida nessa qualidade de sofrer em decorrência da representação imaginária da condição de ser individual. Esse ser busca autonomia pagando por isso o preço do estar só, o qual fica manifesto em sua condição de desamparo. Portanto, o trabalho psicanalítico, oficialmente datado em 1900, na virada de século, é um marco da ocorrência das mudanças discutidas em capítulo anterior e entra como uma possibilidade não de eliminação desse sofrimento, mas como uma ferramenta possível para a ampliação do conhecimento do sujeito, com caráter clínico, por meio da qual a condição de existência individual pode ser elaborada:

> Com a publicação de *A Interpretação dos Sonhos* em 1900, a psicanálise se firmou. Essa obra, a maior de Freud, é um trabalho de introspecção; nela todo o interesse se volta para o eu mais profundo do homem, a ponto de negligenciar o mundo exterior, em que empalidece frente ao fascínio desse mundo interior. Que essa obra-prima vienense da virada do século resultasse em realidade do desespero ante a incapacidade de mudar o curso do mundo exterior, e representasse um esforço para compensar essa deficiência por uma fixação no obscuro do mundo subterrâneo, é atestado pela epígrafe com que Freud iniciou a obra: o verso de Virgílio *Flectere si nequeo superos, Acheronta movebo* ('Se não sou capaz de mudar o céu, sacudo o inferno'). Essa máxima é uma sugestão con-

> cisíssima de que a mudança das atenções para o interior e os aspectos ocultos do eu devia-se a um desespero porque já não estava ao alcance de ninguém alterar o mundo exterior ou deter sua dissolução; e que portanto o melhor que se poderia fazer era negar a importância do mundo em geral, concentrando todo o interesse nos aspectos obscuros da psique (BETTELHEIM, 1991, p. 14).

As consequências da crise estrutural gerada pela queda do poder imperial são discutidas a partir das seguintes condições: primeiramente, apresentamos uma exposição, análise e problematização da tese freudiana de que a cultura e a sua organização em torno do patriarcado são limites necessários e inerentes à organização social; num segundo momento, expomos uma análise crítica realizada pelo próprio Freud, embora não assumidamente explícita, em que ele problematiza as formas de sofrimento; em um outro momento, debatemos as resistências, expressas pela teoria psicanalítica, ao rompimento com a ordem patriarcal em situação crítica, sobretudo pela proposição da centralidade da lei paterna na constituição subjetiva; e, por fim, discutimos as brechas discursivas decorrentes do pensamento freudiano a partir da questão: seria possível uma Psicanálise subversiva? Se sim, poderíamos considerá-la uma Psicanálise para além do pai?

Foi a partir de sua prática clínica em Neurologia que Freud se aproximou das questões referentes ao adoecimento ou sofrimento psíquico por meio do tratamento de psicopatologias acompanhadas de sintomas corporais. Desde essa perspectiva, podemos entender que Freud (1996 [1896]) partiu da compreensão da psicopatologia para uma formulação sobre o funcionamento psíquico geral, teorizando, portanto, a respeito dos processos e princípios que constituem e configuram o psiquismo.

Ao se deparar com adoecimentos e patologias que se manifestavam no corpo de suas pacientes, porém que não encontravam etiologia orgânica, Freud (1996 [1893-1895]) começou a se questionar a respeito dos fenômenos do inconsciente, redirecionando as pesquisas em Psicologia para um novo objeto de investigação, já que toda a tradição da ciência psicológica se encontrava voltada aos processos correlatos à consciência, sendo sempre essa esfera o foco das investigações tradicionais (FREUD, 1996 [1914]). Desse modo, Freud inverteu a lógica e defendeu que o objeto de estudo da Psicologia devia se configurar como sendo o inconsciente, explicado a partir do princípio da organização da sexualidade infantil (FREUD, 1996 [1915]).

Importa-nos destacar que consideramos a Psicanálise como uma ciência que comporta em si duas especificidades: o saber prático e o saber

PSICANÁLISE E CONSTRUÇÃO DA AUTORIDADE DE SI: CONTRIBUIÇÕES
DE UMA ANÁLISE HISTÓRICA PARA A ESCUTA CLÍNICA

teórico[5]. Enquanto o saber teórico possui uma maior proximidade com a ordem racional e universal do conhecimento, o saber prático constitui um saber empírico e singular, para o qual é necessária a experimentação.

Em outras palavras, acreditamos que a Psicanálise pode ser considerada como um ramo do saber científico, que pode ser apropriada e desenvolvida pelo campo teórico; todavia, carrega também, em sua essência, o saber prático, o qual nos coloca frente à dimensão de que, para que efetivamente se fale em Psicanálise, o sujeito que a conhece possa também saber a respeito de seu inconsciente e se apropriar dessas questões. Assim, uma vez que possamos lidar com a relação/articulação entre esses dois saberes, podemos falar em Psicanálise.

Entendemos que essas particularidades dos saberes, além de constituírem uma especificidade da Psicanálise, como já dito, são também os elementos que têm proporcionado o seu desenvolvimento e a permanência de sua construção na esfera acadêmica – teórica e prática/aplicada – e na clínica psicanalítica. A esse respeito, Costa (2010) explica como a Psicanálise tem se colocado nessa direção de construção do conhecimento e como tem respondido a novas questões estruturais que têm perpassado a constituição do sujeito a cada novo momento histórico:

> [...] Foi assim que o conhecimento psicanalítico se expandiu – produzindo-se desenvolvimentos na teoria e na técnica a partir da constante retroalimentação com a experiência clínica que se renovava mediante as contribuições de muitos psicanalistas, avançando na compreensão do funcionamento psíquico – e possibilitou as condições técnicas pelas quais foi possível estender o tratamento psicanalítico a pacientes severamente perturbados, embora os desafios continuem (COSTA, 2010, s/p).

Tratar a produção do conhecimento psicanalítico por essa via da construção tem relação com o fato de que a Psicanálise considera que os processos humanos, em suas totalidades, são produzidos por essa ordem. Assim acontece com a organização social, a história, a comunidade e também com a própria constituição das subjetividades.

Isto é, os fenômenos eminentemente humanos não existem *a priori* no ser, mas são construídos. Esses fenômenos aparecem como produções

---

[5] A esse respeito, citamos Aristóteles (1979), que realiza uma diferenciação entre saber *"epistéme"* (teórico, universal) e saber *"phróneses"* (prático, singular).

do sujeito, porém, para que possam se manifestar em tal ordem particular, antes, eles existiram por meio de uma transmissão. Essa transmissão se dá por meio de um saber compartilhado nas relações entre homens das mesmas gerações, mas, sobretudo, de geração a geração (FREUD, 1996 [1913]). Assim, podemos apresentar os primeiros elementos de definição da civilização enquanto um processo de construção histórica abrindo caminhos para as discussões que são construídas a seguir.

3.1 Civilização, patriarcado e Psicanálise freudiana: limites necessários à ordem social?

Refletir sobre a produção da Psicanálise freudiana como derivada da compreensão do autor sobre a relação sujeito-comunidade, a qual é estruturada a partir do patriarcado, nos leva ao entendimento do conceito de civilização. Melman (2009) propõe que não pode existir comunidade humana sem que haja aspectos coletivos/públicos considerados como elementos comuns ao grupo. O autor explica que o primeiro bem público discutido pelos antropólogos pode ser pensado como sendo o *totem*, pelo fato de representar, para cada integrante do grupo, o símbolo da condição de humano.

Melman (2009) ainda discute que não é possível existir esse bem comum, ou a esfera pública, sem uma parcela de sacrifício, o qual também deve ser compartilhado. Ou seja, não há convívio sem proibições e interdições, as quais são realizadas pela internalização da lei ou atuação da autoridade:

> Aqui surge uma questão que vamos tratar com certa prudên-cia. Até agora, para organizar os tecidos conjugal, familiar, social, nacional, eu evoquei o registro do que se deve chamar de bem comum. O tecido social só pode se manter com a condição de que seus membros estejam reunidos por um bem comum. Então, alguns têm mais desse bem e outros têm menos, há os que sofrem com isso, outros que gozam, mas existe um bem comum (MELMAN, 2009, p. 205).

Chemama (2002, p. 241), recuperando uma tese de Lacan, defende que o sujeito é social. Nesse sentido, a concepção de sujeito enquanto indi-vidualidade remete às condições de "transindividualidade", ou seja, a relação desse ser com sua *polis*. O autor realiza uma reflexão muito interessante e explica que, quando um psicanalista é chamado a analisar o contexto social, ele o faz, entretanto o seu interesse se volta ao limite de sua prática, isto é, analisar o sujeito. Dessa maneira, o campo social é analisado para que se tenha elementos que possibilitem a compreensão e a intervenção no campo da psicanálise. Vejamos: "Para nós, fica claro que o sujeito que se dirige a nós, o sujeito que nos pede uma psicanálise, é amplamente tributário dos efeitos de discurso que organizam o que chama de social" (CHEMAMA, 2002, p. 242).

A transmissão de um saber de geração a geração, ou de um saber compartilhado, nos parece tratar justamente do tema que buscamos aqui analisar: uma característica realizável via eleição de um referencial, a qual pode ser considerada executável por meio da identificação e, consequentemente, da internalização da autoridade. O sujeito em Psicanálise, entendido a partir desse processo de construção, se constitui por meio do mecanismo de identificação, que, segundo Melman (2009), caso seja de ordem total com relação à autoridade/o pai, se configuraria como *criminógena*, posto que haveria uma eliminação da alteridade do sujeito, ou seja, teríamos aqui o filho completamente identificado ao pai que desapareceria enquanto sujeito.

Dito de outro modo, o desenvolvimento da sociedade até certo momento histórico, a Idade Moderna, contou com a atuação direta da autoridade, como um referencial de apoio para o funcionamento coletivo e possível avanço. No momento em que temos a gestão do sujeito moderno, isso cai/se altera. A partir dessa perspectiva, buscaremos considerar a maneira pela qual a Psicanálise concebe a internalização desse *sagrado paterno*, para, então, compreender o sujeito e dar encaminhamentos a essa demanda.

O interesse freudiano pelas questões relativas à cultura está presente em toda a sua obra e é evidenciado desde as primeiras publicações psicanalíticas realizadas entre os anos de 1893 e 1899. Nessas, o autor manifesta um deslocamento de seu interesse da Neurologia para os problemas de ordem psicológica na determinação dos fenômenos clínicos com os quais atuava.

Desde o texto *Sobre o mecanismo psíquico dos fenômenos histéricos*, podemos perceber esse interesse, por exemplo, quando Freud (1996 [1893]), para explicar a concepção de trauma psíquico, recorre a uma metáfora de Hughlings Jackson, de que o primeiro homem que utilizou um insulto ao invés de uma lança teria fundado a civilização. Freud recorreu a essa representação para justificar aquilo que percebia como decorrente de determinações psíquicas com relação aos fenômenos psicopatológicos, os quais, até então, recebiam apenas a explicação pautada na etiologia hereditária. No mesmo ano, 1893, no obituário de *Charcot*, Freud referenciou o método clínico, também considerado como nosografia prática, que havia aprendido com seu mestre, como mais próximo ao trabalho do artista do que com o método de análise dominante até então na Neurologia e até mesmo na Psiquiatria.

A nosso ver, essa preocupação de Freud com relação à cultura é crescente em sua obra e determinada, como o próprio autor destaca, pela natureza do fenômeno investigado, a saber, o psiquismo. Nesse sentido, o entendimento de cultura em Freud[6], o qual foi atravessado pela cultura patriarcal, é concebido como um limite necessário para a ordem social. Nessa investigação, discutiremos as concepções presentes nas seguintes obras: *Totem e tabu* (1996 [1913]); *O futuro de uma ilusão* (1996 [1927]); e *O mal-estar na civilização* (1996 [1930]).

De acordo com Strachey (1996), o texto *Totem e Tabu* é considerado a maior contribuição de Freud à Antropologia. Embora esse escrito possua um caráter, em termos cronológicos, intermediário, o interesse pela contribuição da Psicanálise para as teorias sociais se fazia presente desde as cartas trocadas com W. Fliess.

Por exemplo, no "Rascunho N", (1897); na "Carta 78" (1897) e na "Carta 144" (1901). Nessas correspondências, Freud se questionou, respectivamente, a respeito da arqueologia e pré-história, do horror ao incesto e a respeito dos mitos endopsíquicos. Ainda no capítulo V, de *A interpretação dos sonhos*, Freud destaca elementos para pensarmos sobre certa correspondência entre a posição do monarca, em termos sociais, e a do pai de família.

Para voltarmos ao assunto inicial deste tópico, a discussão central desse ensaio diz respeito ao valor psíquico do *Totem,* o qual é entendido como o representante de uma lei internalizada por um grupo. Em seu estudo, Freud (1996 [1913]) apresentou pesquisas realizadas com povos primitivos, nas quais constatou haver uma dimensão conceitual ambivalente sobre o significado de *tabu*, considerado como fenômeno cotidiano, que teria tanto um aspecto de *sagrado/consagrado* quanto, ao mesmo tempo, de *misterioso, proibido, impuro.*

Interessa-nos notar que o autor entendeu que o conhecimento do homem primitivo, possível de ser averiguado a partir de monumentos, ou da arte e da religião e ainda de registros históricos, também denominado

---

[6] Sabemos que as definições de civilização e de cultura são complexas. Nosso objetivo aqui é apresentá-las com a especificidade de demonstrar o quanto o entendimento freudiano estava atravessado pelo seu entendimento decorrente da cultura **patriarcal**.

psicologia dos povos primitivos, poderia atribuir valor para a compreensão da psicologia dos neuróticos. A partir das teses expostas, verificamos a existência de uma coincidência entre ontogênese e filogênese. Para Freud (1996 [1913]), durante a estruturação psíquica, a criança repetiria elementos pelos quais passou a humanidade durante o seu desenvolvimento histórico. Aqui há, em Freud, certa naturalização, ou, pelo menos, universalização a respeito da constituição psíquica.

Na concepção freudiana, *totemismo* seria um sistema primitivo de religião, a partir do qual uma comunidade, ou grupo social, poderia se organizar. Ou seja, seria o elemento por meio do qual a convivência entre os homens seria possível. Nas palavras do autor, *totemismo* é definido como uma "[...] fase necessária ao desenvolvimento humano que tem sido universalmente atravessada" (FREUD, 1996 [1913], p. 23). Esse elemento de organização, também visto como laço totêmico, seria mais forte do que as relações familiares, entendidas como os processos de filiação tribal e laços consanguíneos. Nas tribos primitivas, portanto, ocorreria uma substituição do parentesco consanguíneo pelo parentesco totêmico.

Ao examinar esses grupos primitivos, Freud (1996 [1913]) considerou que o núcleo de uma estruturação social, ou civilização, seria a existência de algum tipo de interdito, uma vez que, nos grupos analisados, a exogamia se fazia presente e estava referida a algum tipo de restrição sexual decorrente do pertencimento a um mesmo totem. Em geral, o mito totêmico tratava da fundação das civilizações por meio da união de seus membros. Esses, para não se submeterem e ao mesmo tempo se protegerem das violências realizadas pelo pai da ordem (generalização para os líderes das tribos primitivas), uniam-se e o matavam. Contudo, à medida que o faziam, a sua função organizadora, ou autoridade imaginária, se tornava mais forte, pois era introjetada.

Nesse sentido, Freud (1996 [1913]) assinala que o totemismo carregava duas leis básicas: a de não matar o totem (parricídio) e a de evitar relações sexuais com determinados membros do clã totêmico (incesto). Na dimensão da ambivalência, se essas leis fundamentais estão presentes no totemismo, isso se justifica pelo fato de que esses são "[...] os mais antigos e poderosos dos desejos humanos" (FREUD, 1996 [1913], p. 49).

A partir da análise do mito totêmico, Freud (1996 [1913]) abstraiu a ideia de que os laços familiares são representantes mais de relacionamentos sociais do que físicos. Nesse sentido, poderíamos exemplificar o seguinte:

para a constituição psíquica da época de Freud, o pai poderia ser representado por todo homem com condições de ter se casado com a mãe; a mãe, por sua vez, poderia ser denotada por todas as mulheres que pudessem dar à luz uma criança. Logo, o tabu teria um caráter sagrado ou impuro, como uma espécie de proibição resultante desse mesmo caráter, podendo gerar no sujeito o sentimento de santidade ou impureza, o qual seria resultante de uma violação à proibição. Tabu, portanto, é entendido como o código de leis mais antigo do homem, anterior, inclusive, à ideia de deuses.

Freud (1996 [1913]) conceitua o Totem como um elemento da cultura, geralmente, um animal, que carregava o valor de uma instituição simbólica do pacto primordial, referente à união dos filhos em oposição ao pai da Horda, os quais, em ato, executam o parricídio. O animal (Totem) eleito para representar o pai morto carrega os atributos de ser sagrado e intocável; já Tabu refere-se aos conteúdos relacionados às interdições/proibições fundantes. Aquilo em torno do qual circula o sentimento de determinado grupo referente ao que não se pode.

Freud (1996 [1913]) fundamentou, a partir da ideia de tabu, o seu argumento de que, para que ocorra a constituição do sujeito, é necessária a internalização da lei e da autoridade imaginária, as quais carregam a potência de se tornarem simbólicas. Esse processo de formação se daria por semelhança à construção do tabu. Este se colocaria como uma lei terceira, a qual organizaria as relações entre os homens. Nesse sentido, seria como um primórdio constitutivo do que depois vem a ser o *Superego*.

Ao tomar essa teoria, Freud analisou que o sintoma obsessivo ocupava a mesma função, no lugar de substituto, uma defesa por deslocamento dessa lei, que não se operacionalizaria no campo do simbólico, mas sim no campo do imaginário. O sintoma obsessivo é assim entendido por Freud como substituto para lidar com a angústia de castração. As maiores representações de castrações do humano são a solidão (consequência do desamparo) e a morte.

Freud (1996 [1913]) considera que a civilização atravessou três fases no desenvolvimento de seu pensamento. A primeira, denominada de animista, tem relação com os povos primitivos e o pensamento manifesta a característica de onipotência. A segunda, religiosa, faz referência à transferência da onipotência aos deuses, os quais poderiam expressar os desejos humanos. Já a terceira, chamada de científica, corresponde ao reconhecimento da pequenez humana e a sua consequente submissão à morte e a outras necessidades da natureza. Com relação a essa última etapa do desenvolvimento, Freud propõe que os sujeitos e, por consequência, a civilização poderiam alcançar a maturidade. Nessa fase, haveria a renúncia ao princípio do prazer e o ajustamento à realidade. Logo, o sujeito poderia trabalhar no mundo externo em direção à realização de seus desejos.

A questão do desenvolvimento humano, nesse texto, encontra-se ligada à compreensão e à constatação da castração e da noção de morte. Ainda, destacamos a presença da noção de impossibilidade do humano frente à natureza. Esse elemento marca uma falta que movimenta o sujeito em busca do trabalho e do saber. Num primeiro momento civilizatório, pelo pensamento mítico, num segundo, pela fé e, na época de Freud, pela ciência.

Isso posto, percebemos aqui uma potência transformadora na proposta freudiana, apesar do aspecto colocado referente ao *ajustamento* à realidade. No entanto, uma crítica necessária a esse ensaio antropológico freudiano, no que se refere à universalização do caráter patriarcal na constituição da sociedade, a qual consideramos relevante, é elaborada por Checchia (2020, p. 26):

> É verdade que é preciso considerar o contexto cultural das elaborações e dos ensinamentos de Freud e Lacan para não sermos injustos ao apontar seus alcances e limites. Por outro lado, é preciso igualmente observar que ambos tinham algum conhecimento antropológico que lhes permitiriam ao menos relativizar e colocar em discussão, ao invés de naturalizar, a ordem patriarcal.

A dimensão de processo no desenvolvimento do psiquismo e da cultura, entendida como civilização[7], é retomada por Freud no texto *O futuro de uma ilusão*, de 1927, no qual o autor assim precisa o conceito de civilização:

> A civilização humana, expressão pela qual quero significar tudo aquilo em que a vida humana se elevou acima de sua condição animal e difere da vida dos animais – e desprezo ter que distinguir entre cultura e civilização -, apresenta, como sabemos, dois aspectos ao observador. Por um lado, inclui todo o conhecimento e capacidade que o homem adquiriu com o fim de controlar as forças da natureza e extrair a riqueza desta para a satisfação das necessidades humanas; por outro, inclui todos os regulamentos necessá-

---

[7] De acordo com Zamboni e Gazzola (2015), Freud não desvincula cultura de civilização por considerar a interdependência de ambas.

> rios para ajustar as relações dos homens uns com os outros e, especialmente, a distribuição da riqueza disponível. As duas tendências da civilização não são independentes uma da outra; em primeiro lugar, porque as relações mútuas dos homens são profundamente influenciadas pela quantidade de satisfação instintual que a riqueza existente torna possível; em segundo, porque, individualmente, um homem pode, ele próprio, vir a funcionar como riqueza em relação a outro homem, na medida em que a outra pessoa faz uso de sua capacidade de trabalho ou o escolha como objeto sexual; em terceiro, ademais porque todo indivíduo é virtualmente inimigo da civilização, embora se suponha que esta constitui um objeto de interesse humano universal (FREUD, 1996 [1927], p. 15-16).

Freud (1996 [1927]) considerou, portanto, a cultura como um elemento coletivo, que, para se manter existente, requer a elaboração de regulamentos, leis, instituições, que buscam funcionar como pontos balizadores do funcionamento psíquico individual e que têm, por principal razão, a defesa do homem frente à natureza, incluindo a sua própria *natureza*. A cultura, portanto, tem um objetivo protetivo contra os impulsos hostis dos homens e esse elemento favoreceria tanto a apreensão cada vez maior da natureza quanto uma maior produção de bens. Freud, porém, considerou que, apesar de existir esse favorecimento em prol de um progresso, as construções humanas, incluindo a ciência e a tecnologia, poderiam pôr em ruína a civilização a partir de suas conquistas, como, de fato, ocorreu no caso das guerras.

Por isso, temos, como questão central do texto de Freud, a interrogação a respeito da maneira por meio da qual seria possível colocar o desenvolvimento a favor da diminuição do sofrimento humano no processo civilizatório. Para dar conta dessa questão, ele passou da análise da cultura para a análise do psiquismo.

Freud (1996 [1927]) diferencia as privações que atingem a todos, coletivamente, das privações que atingem a classes ou a indivíduos isolados. As privações do coletivo são mais arcaicas e são as que fundaram a civilização. Elas seriam nucleares para a diferenciação do homem da natureza e do animal, por exemplo, podemos citar a prática do canibalismo, que seria um elemento de maior intensidade; ou do incesto, que já apresenta relatividade e proibição, apontando assim para o desejo; ou a ânsia de matar, a qual é realizada em algumas situações. Para a operacionalização dessas privações, consideradas como desenvolvimento social, seria necessária a formação do *Superego*:

PSICANÁLISE E CONSTRUÇÃO DA AUTORIDADE DE SI: CONTRIBUIÇÕES
DE UMA ANÁLISE HISTÓRICA PARA A ESCUTA CLÍNICA

> Essas primeiras renúncias instintuais já envolvem um fator psicológico igualmente importante para todas as outras renúncias instintuais. Não é verdade que a mente humana não tenha passado por qualquer desenvolvimento desde os tempos primitivos e que, em contraste com os avanços da ciência e da tecnologia, seja hoje a mesma que era nos primórdios da história. Podemos assinalar de imediato um desses progressos mentais. Acha-se em consonância com o curso do desenvolvimento humano que a coerção externa se torne gradativamente internalizada, pois um agente mental especial, o superego do homem, a assume e a inclui entre seus mandamentos. Toda criança nos apresenta esse processo de transformação; é só por esse meio que ela se torna um ser moral e social. Esse fortalecimento do superego constitui uma vantagem cultural muito preciosa no campo psicológico (FREUD, 1996 [1927], p. 21).

A formação do *Superego*, como vantagem do processo civilizatório e avanço do ponto de vista psíquico, é possível, portanto, a partir da internalização de valores e regras sociais, representados e/ou transmitidos por figuras, que adquirem certo destaque, ou que exercem poder na cultura e, desse modo, assumem um caráter de autoridade, como o pai, no caso da família burguesa. A constituição do *Superego*, para Freud, é protetiva, tanto em relação ao sujeito quanto à cultura.

De todo modo, apesar do conhecimento dos benefícios que a civilização trouxe, permanece impossível vencer a natureza. Esse conflito pode ser representado pelos elementos que atingem inevitavelmente a vida humana e a civilização, dentre os quais o mais poderoso é a morte. A esse fenômeno último, Freud (1996 [1927]) associou a ideia de desamparo, como um mecanismo defensivo/protetivo da representação contínua da finitude, por meio do qual se expressam tanto as ideias religiosas quanto o *anseio pelo pai*. O anseio por um pai é assim considerado pelo autor como uma defesa contra a debilidade humana:

> [...] Assim, seu anseio por um pai constitui um motivo idêntico à sua necessidade de proteção contra as consequências de sua debilidade humana. É essa a defesa contra o desamparo infantil que empresta suas feições características à reação do adulto ao desamparo que ele tem de reconhecer – reação que é, exatamente, a formação da religião (FREUD, 1996 [1927], p. 34).

Já no texto *O mal-estar na civilização*, de 1930, Freud ampliou a noção de debilidades humanas para o conceito de *mal-estar*, sendo o sofrimento da ordem de uma sensação corporal, que manifesta a questão da economia psíquica[8]. Consoante a Freud (1996 [1930]), as saídas para o sofrimento e para a infelicidade humana, em casos de uma pulsão desfavorável, estariam localizadas na neurose, na intoxicação e na psicose. A religião, por sua vez, entraria como a imposição da não escolha e da adaptação. Essa última saída seria uma proteção precária, porque encerraria as possibilidades autênticas contra o sofrimento. Vejamos:

> A vida, tal como a encontramos, é árdua demais para nós; proporciona-nos muitos sofrimentos, decepções e tarefas impossíveis. A fim de suportá-la, não podemos dispensar as medidas paliativas. 'Não podemos passar sem construções auxiliares', diz-nos Theodor Fontane. Existem talvez três medidas desse tipo: derivativos poderosos, que nos fazem extrair luz de nossa desgraça, satisfações substitutivas que a diminuem; e substâncias tóxicas, que nos tornam insensíveis a ela. [...] A questão do propósito da vida humana já foi levantada várias vezes; nunca, porém, recebeu resposta satisfatória e talvez não a admita (FREUD, 1996 [1930], p. 83).

Freud (1996 [1930]) elencou três fontes de infelicidade à vida humana: o corpo, que estaria sempre em direção à decadência, à degeneração e, por fim, à morte; o mundo externo, ou seja, a própria natureza, que pode gerar destruição; e o relacionamento com os outros seres humanos na comunidade, que é o fator considerado pelo autor como o mais difícil e, ao mesmo tempo, inevitável. Por essas razões, conforme Freud (1996 [1930]), a tarefa de evitar o sofrimento pode colocar a de ser feliz e de obter prazer em segundo plano, o que novamente traz à pauta a questão da *economia pulsional*. A respeito do sofrimento que é consequência dos relacionamentos humanos, Freud pondera:

> [...] Contra o sofrimento que pode advir dos relacionamentos humanos, a defesa mais imediata é o isolamento voluntário, o manter-se à distância das outras pessoas. A felicidade passível de ser conseguida através desse método é, como vemos, a felicidade da quietude. Contra o temível mundo externo, só podemos defender-nos por algum tipo de afastamento dele, se pretendermos solucionar a tarefa por nós mesmos.

---

[8] Pontua-se que tal aspecto já se anunciara anteriormente na escrita do texto *Projeto para uma Psicologia Científica*, publicado postumamente (FREUD, 1996 [1950]).

> Há, é verdade, outro caminho, e melhor: o de tornar-se **membro da comunidade humana e, com o auxílio de uma técnica orientada pela ciência, passar para o ataque à natureza e sujeitá-la a vontade humana. Trabalha-se então com todos para o bem de todos** (FREUD, 1996 [1930], p. 85, grifos nossos).

Estaria Freud, no trecho destacado, falando da Psicanálise? Se controlar a vida pulsional é uma questão para a economia psíquica, essa seria a tarefa da Psicanálise?

Nesse sentido, não estaria a Psicanálise incorrendo em incoerências teóricas debatidas pelo próprio Freud ao longo de sua teoria e clínica? Esse desafio, estrutural à Psicanálise desde a sua emergência, ainda se coloca como uma necessidade urgente.

Por esse motivo, pensamos que a discussão do papel social, ético e político da Psicanálise e dos psicanalistas pode abrir possibilidades para a superação das problemáticas de dominação autoritária e, ao mesmo tempo, dar abertura para o desenvolvimento de sujeitos que existam a partir de seus desejos e alteridades.

Assim, em Freud, verificamos que a internalização da autoridade imaginária paterna possui uma função protetiva, regulatória e defensiva. Embora seja assim, a partir dos textos analisados, consideramos que o entendimento freudiano de autoridade e a sua internalização pelo social, na tensão sujeito-sociedade, se dá integralmente a partir do modelo de organização social patriarcal, fato que também é discutido por Checchia (2020).

Para avançamos e chegarmos à discussão, presente na atualidade, da perda e das consequentes transformações de referenciais, consideramos que, se temos em ancestrais o não respeito à lei, abre-se uma possibilidade para que as novas gerações também rompam com essa lei. Vejamos: "[...] se aquele que está em posição de ancestral não respeita a lei, como é que ele próprio poderia estar ao abrigo, como é que ele poderia conhecer a interdição do incesto?" (MELMAN, 2009, p. 96).

Contemporaneamente, na esfera social, temos visto o questionamento da lei paterna, a perda dos referenciais anteriormente estabelecidos e/ou a sua transformação em novos parâmetros. Isso nos faz questionar a respeito de como fica o processo de expressão subjetiva, se quem tem ocupado a posição de transmissão do saber das gerações pode estar com dificuldades em seu próprio processo de internalização da lei (CHECCHINATO, 2007).

Não seria esse o elemento que possibilitaria, ao invés da intervenção da autoridade, a ascensão/repetição de autoritarismos? Como fazer esse trabalho a partir de uma implicação subjetiva e da ética psicanalítica que propõe a assunção da alteridade do sujeito, senão pela crítica explícita e evidente da derrota da imago social paterna na organização social patriarcal?[9]

Para tentar dar conta dessas questões é que elaboramos as discussões que estão expostas a seguir e se referem às modalidades de sofrimento presentes quando da elaboração da Psicanálise por Freud, bem como aos aspectos ambíguos da Psicanálise freudiana, a sua resistência e o seu conservadorismo e, de outro lado, a sua subversão e o seu potencial transformador.

3.2 Patriarcado e formas de expressão do sofrimento: neuroses e defesas melancólicas como denúncia de uma estrutura social em crise

Após termos apresentado as condições socioeconômicas que levaram à queda do Império Austro-Húngaro e o entendimento freudiano sobre o papel da internalização da autoridade imaginária paterna para a organização civilizatória e subjetiva, trabalharemos elementos para pensar a relação entre o poder patriarcal (considerando também o anúncio de sua crise e o seu enfraquecimento) com a produção de modalidades de sofrer expressas pelas neuroses e também pelas defesas melancólicas. Essas, por fazerem referência àquele momento histórico, são aqui consideradas como denúncias ao movimento de transformação do valor da referência imaginária paterna determinada para a sociedade.

O dicionário de Psicanálise de Roudinesco e Plon (1998) informa que o patriarcado é considerado como um sistema de organização da sociedade no qual o poder e o valor de referência giram em torno do pai:

> O patriarcado é um sistema político-jurídico em que a autoridade e os direitos sobre os bens e as pessoas obedecem a uma regra de filiação chamada patrilinear, isto é, concentram-se nas mãos do homem que ocupa a posição de pai fundador, sobretudo nas sociedades ocidentais. Entretanto, o sistema patriarcal raramente se apresenta com toda essa pureza, na medida em que coexiste, em numerosas sociedades, com uma

---

[9] Entendemos também, com base nas discussões de Miguel (2014), que esse debate atravessa as considerações sobre gênero, orientação sexual, raça e classe social. Ou seja, hoje, nos parece necessário que a Psicanálise aprenda a ouvir as diferentes dores e sofrimentos expressos nos divãs a partir dessas experiências de constituição subjetiva, também denominadas de marcadores sociais da diferença.

> filiação matrilinear, que decide sobre a pertença do indivíduo referindo-se a laços genealógicos que passam pelas mulheres (ROUDINESCO; PLON, 1998, p. 577).

Apesar dos elementos expressos pelos autores, de que nem sempre o sistema patriarcal existe de forma pura, consideramos que o fato de o homem, pai de família, ser valor de referência para a sociedade ocidental traz consequências de valor e de poder para as relações estabelecidas. Uma dessas consequências pode ser encontrada na maneira segundo a qual a produção das subjetividades articula ou elabora essas relações de poder.

Em outras palavras, existem aqueles sujeitos para os quais essa questão valorativa não traz consequências de sofrimento representado, pois eles a reproduzem sem questionamento e, talvez, sem uma percepção consciente do sofrimento, do poder hierarquizado e das formas de dominação homem--mulher e os seus derivados (isto é, as demais formas de exercício de poder de um indivíduo sobre outrem). Por outro lado, existem aqueles em que se interrogam a respeito dessa forma de organização social. A nosso ver, o adoecimento neurótico, que possibilitou a teorização e a prática clínica em Psicanálise, já continha uma resistência, que é entendida aqui como denúncia subjetiva, a essa ordem de valor patriarcal estabelecida e em ruptura.

Essa é uma questão de bastante relevância para a produção do conhecimento. Roudinesco e Plon (1998) expõem que o tema do patriarcado foi de interesse teórico para a Antropologia e a Filosofia, passando por teorias evolucionistas, como a de Henry Lewis Morgan (1818-1881), até Friedrich Engels (1820-1895) e Johann Jakob Bachofen (1815-1887). Na Psicanálise, os autores destacam que a questão do patriarcado se manifesta como estrutural do sujeito e se revela por meio do complexo de Édipo.

De acordo com Lerner (2019), atualmente, temos dados antropológicos que demonstram a existência de sistemas sociais com relativa igualdade, até mesmo com relação à divisão social do trabalho. Esses achados modernos, na concepção da autora, levantam a questão da validade das informações discutidas quanto à estruturação da sociedade com base no sistema patriarcal e quanto às generalizações constituídas a partir dos estudos com os povos pré-históricos.

Para a compreensão do termo *patriarcado*, a autora propõe uma ampliação para além das concepções tradicionais e de seu entendimento histórico:

> O problema com o termo **patriarcado**, que a maioria das feministas usam, é que tem um significado limitado e tradicional – não necessariamente o significado que as feministas dão a ele. Em seu significado limitado, patriarcado se refere ao sistema, derivado historicamente do direito grego e romano, em que o homem chefe de família tinha total poder legal e econômico sobre seus familiares dependentes, mulheres e homens. As pessoas que usam o termo dessa forma não raro inferem um fator a-histórico limitado a ele: o patriarcado começou na Antiguidade clássica e terminou no século XIX, com a outorga de direitos civis para mulheres, em particular as casadas. Esse uso é problemático porque distorce a realidade histórica. A dominância patriarcal de chefes de famílias homens sobre seus parentes é muito mais antiga que a Antiguidade clássica; ela começa no terceiro milênio a.C. e encontra-se bem estabelecida na época em que foi escrita a Bíblia Hebraica. Além disso, pode-se defender que, no século XIX, a dominância masculina na família apenas tomou novas formas, sem ter conhecido seu fim. Então, a definição limitada do termo "patriarcado" tende a impedir a definição precisa e a análise de sua presença contínua no mundo de hoje (LERNER, 2019, p. 289-290, grifo da autora).

Essa autora sugere, como superação dos limites do entendimento a respeito do que vem a ser o patriarcado, que esse seja entendido como "a manifestação e institucionalização da dominância masculina sobre as mulheres e crianças na família e a extensão da dominância masculina sobre as mulheres em geral" (LERNER, 2019, p. 290). Martins e Silveira (2020, p. 10), por seu turno, trazem uma definição de patriarcado dada por Kate Millet, a partir do movimento feminista dos anos de 1970 e da obra *Sexual politics*, que toma esse conceito como "sistemas que oprimem as mulheres, isto é, sistemas de dominação masculina, mesmo que isso ultrapasse a questão do poder do pai".

As autoras, na discussão da relação entre Psicanálise e patriarcado, consideram que a teoria psicanalítica entendeu ao longo do tempo a constituição da subjetividade a partir de uma generalização entre cultura, civilização e masculinidade, naturalizando essas relações. A esse respeito, elas avaliam que seja necessário proceder a uma reflexão e a um reposicionamento.

Por considerarmos válida a crítica exposta pelas autoras, seguiremos com a reflexão. Ora, está presente em Freud (1996 [1924]) a compreensão de que a qualidade da travessia do sujeito pelo Complexo de Édipo gera consequências para a formação de seu psiquismo. A neurose, tomada como um conflito entre os impulsos do *Id* e as exigências do *Superego* ou da realidade externa, seria uma saída para a questão da circulação do poder tradicional vigente na sociedade em consequência de sua organização patriarcal.

Parente (2017) reflete sobre a relação entre a queda da ordem patriarcal na Austro-Hungria e a perda da figura simbólica paterna; a autora considera que esse fenômeno implicou em um trauma originário, o qual é fruto do desamparo. A partir de então, defesas narcísicas com expressão melancólica teriam sido evidenciadas na cultura, uma vez que as promessas simbólicas de amparo social não foram uma força presente de fato. No que diz respeito a esse cenário de Viena e ao sentimento de desamparo dele resultante, vejamos:

> Em Viena, a dinastia dos Habsburgo ainda ocupa os postos tradicionais de poder, entretanto, o imperador não está mais tranquilamente sentado em um trono intacto e irremovível. A sensação diante de todo esse abalo, porém, não é a da prometida liberdade, igualdade ou fraternidade, como pregava o *slogan* iluminista. O que se observa, ao contrário, é um profundo medo do desamparo provocado pela perda da tutela de um grande e confiante condutor (PARENTE, 2017, p. 177).

A mudança social, provocada pela modernidade e pelos valores do liberalismo, trouxe como consequência o profundo desamparo e o medo da morte. Além disso, como defesa, gerou uma expectativa da cultura vienense de que, de alguma maneira, os antigos padrões sociais fossem preservados. Sobre esse contexto, Parente (2017) aponta que a monarquia austro-húngara foi conservada como um relicário e os seus costumes mantidos como uma defesa obsessiva diante de uma perda já concretizada.

Diante do exposto, verificamos que havia um conflito entre a antiga e a nova ordem cultural e que esse conflito pode ser visualizado tanto na organização do poder quanto na elaboração teórica da Psicanálise:

> Os acontecimentos, porém, evidenciaram que nem o imperador de Viena mandava na própria casa; e esse fato talvez tivesse inspirado Freud a desenvolver a ideia de que o ego não era dono da *própria* casa – uma compreensão que Freud considera um duro golpe no nosso narcisismo (como devia ter sido destrutivo para o narcisismo do imperador o fato de ser rejeitado pelo filho e pela esposa). A neurose de trabalho, defesa do imperador contra os muitos golpes ao seu amor-próprio, provavelmente não passou desapercebida a

> Freud, quando estudou as neuroses, e descobriu que eram defesas contra os temores sexuais e os ataques ao amor próprio (BETTELHEIM, 1991, p. 12).

Outra crítica social a essa contradição foi empreendida pelo movimento do Modernismo e por seus representantes artísticos. Parente (2017) explica que os critérios outrora defendidos pela cultura tradicional foram questionados pelo Modernismo, que construiu novos caminhos e estilos, os quais foram vistos como inusitados naquele momento. O movimento artístico, portanto, denunciava a crise existente entre os valores da autoridade patriarcal e a nova ordem social (que estava em construção).

A autora ainda expõe que os novos valores estéticos traziam implicações éticas para a sociedade e foram alterados até a Primeira Guerra Mundial. Depois disso, com os movimentos totalitários de governo, essas vanguardas foram suprimidas e voltaram a poder se expressar somente após 1945 (PARENTE, 2017). Dentro desse contexto, consideramos que a modalidade de sofrimento expressa e analisada por Freud carrega uma crítica a esse movimento de crise social em sua formação sintomática inconsciente.

Em nosso entendimento, a formação do sujeito, atravessada pela dinâmica do Complexo de Édipo, expressa o enfraquecimento da autoridade imaginária paterna. Nessa direção, Pombo (2018) destaca que a teoria freudiana contempla a concepção de que para que o sujeito saia do Complexo de Édipo, ou seja, abandone o incesto, realizando a instituição de sua moralidade e consciência, é necessária a intervenção da autoridade da figura paterna. O pai, dessa maneira, ameaça autoritariamente o filho de castração, se colocando como um terceiro entre o desejo do indivíduo e a mãe. Em Freud:

> A observação analítica capacita-nos a identificar ou adivinhar essas vinculações entre a organização fálica, a formação do superego e o período de latência. Essas vinculações justificam a afirmação de que a destruição do complexo de Édipo é ocasionada pela ameaça de castração. [...] Também o sexo feminino desenvolve um complexo de Édipo, um superego e um período de latência. Será que também podemos atribuir-lhe uma organização fálica e um complexo de castração? A resposta é afirmativa, mas essas coisas não podem ser as mesmas como são nos meninos. Aqui a exigência feminista de direitos iguais para os sexos não nos leva muito longe, pois a distinção morfológica está fadada a encontrar a expressão em diferenças de desenvolvimento psíquico. A anatomia é

o destino, para variar um dito de Napoleão. O clitóris na menina inicialmente comporta-se exatamente como um pênis, porém quando ela efetua uma comparação com um companheiro de brinquedos do outro sexo, percebe que 'se saiu mal' e sente isso como uma injustiça feita a ela e como fundamento para inferioridade. Por algum tempo ainda, consola-se com a expectativa de que mais tarde, quando ficar mais velha, adquirirá um apêndice tão grande quanto o do menino. Aqui, o complexo de masculinidade das mulheres se ramifica. Uma criança do sexo feminino, contudo, não entende sua falta de pênis como sendo um caráter sexual; explica-a presumindo que, em alguma época anterior, possuíra um órgão igualmente grande e depois perdera-o por castração. Ela parece não estender essa inferência de si própria para outras mulheres adultas, e sim, inteiramente segunda as linhas da fase fálica, encará-las como possuindo grandes e completos órgãos genitais – isto é, masculinos. Dá-se assim a diferença essencial de que a menina aceita a castração como um fato consumado, ao passo que o menino teme a possibilidade de sua ocorrência (FREUD, 1996 [1924], p. 199-200).

Sem desconsiderarmos as diferenças qualitativas que a anatomia pode trazer para a formação do psiquismo, como assinalado por Freud, não podemos deixar de problematizar a naturalização e o reducionismo presentes na questão do atravessamento de meninos e meninas pelo Complexo de Édipo, tomando o valor patriarcal e a organização fálica como referências. Esse fato explicita que, em Freud, a imago paterna e a defesa implícita da permanência da autoridade continuaram bastante fortes. Esse movimento de naturalização acompanha a construção da Psicanálise. Nos propomos, portanto, a discutir a universalização do adoecimento problematizado por Freud a respeito das neuroses enquanto uma construção ou uma resposta psíquica à moral civilizada.

Quando consideramos a época na qual Freud viveu, nos interrogamos a respeito de quais seriam os possíveis motivos que o levaram a não problematizar a questão do pátrio poder nessa moral sexual civilizada, já que, em seu próprio texto, a partir do qual foi extraída a citação anterior[10], se referiu às demandas do movimento feminista. Ou seja, a pergunta na qual insistimos é: por que Freud não pôde escutar o que se revelava já no momento de sua elaboração teórica?

---

[10] A dissolução do Complexo de Édipo.

Importa-nos, ainda, sinalizar qual era o movimento feminista a que Freud se refere, pois se tratava da primeira onda do feminismo, conforme Lerner (2019), isto é, da ascensão do feminismo liberal, que, por sua origem, buscava o voto, a educação e a participação democrática. A neurose, portanto, pode ser entendida como uma saída sintomática e não elaborada para o que já circulava em termos de pedidos e reivindicações políticas. Por essa razão, consideramos que Freud elaborou uma análise crítica dos efeitos trazidos pela cultura, porém considerou esse elemento como atravessado pela posição do sujeito, por sua escolha, individualizando e, em certa medida, patologizando uma questão social.

Strachey (1996) propõe que foi no texto *Moral sexual 'civilizada' e doença nervosa moderna* que Freud realizou uma de suas primeiras análises sobre o tensionamento entre a cultura e a vida pulsional. Apesar disso, o editor destaca que essa preocupação estava presente em escritos anteriores, como num relato a Fliess, que data do ano de 1897, em que Freud já teria apresentado o incesto como antissocial e colocado a cultura como um processo de renúncia progressiva a esse ato. Em *Três ensaios sobre a teoria da sexualidade*, o entendimento das demandas sociais é levado em consideração para a análise das consequências psíquicas do período de latência para o desenvolvimento da sexualidade. Nesse texto, Freud (1996 [1905]) considerou o desenvolvimento da civilização como inversamente proporcional à liberdade sexual.

Para dar conta dessa questão, passaremos a analisar o movimento crítico que Freud articulou a partir da seleção do texto *Moral sexual 'civilizada' e doença nervosa moderna*. Freud (1996 [1908]) pontua que a "moral sexual civilizada" acarreta consequências de sofrimento, tanto para a saúde quanto para a funcionalidade dos sujeitos, podendo, inclusive, imputar prejuízos à própria cultura. Ele destacou o consenso vigente, inclusive para a Neurologia, de que a vida moderna civilizada estava relacionada ao aumento de doenças nervosas. Como resultado de suas investigações, Freud associou o aumento das doenças nervosas à supressão dos instintos:

> Nossa civilização repousa, falando de modo geral, sobre a supressão dos instintos. Cada indivíduo renuncia a uma parte dos seus atributos: a uma parcela do seu sentimento de onipotência ou ainda das inclinações vingativas ou agressivas de sua personalidade. Dessas contribuições resulta o acervo cultural comum de bens materiais e ideais. Além das exigências da vida, foram sem dúvida os sentimentos fami-

> liares derivados do erotismo que levaram o homem a fazer essa renúncia, que tem progressivamente aumentado com a evolução da civilização. Cada nova conquista foi sancionada pela religião, cada renúncia do indivíduo à satisfação instintual foi oferecida à divindade como um sacrifício, e foi declarado 'santo' o proveito assim obtido pela comunidade. Aquele que em consequência de sua constituição indomável não consegue concordar com a supressão do instinto, torna-se um 'criminoso', um *outlaw*', diante da sociedade – a menos que sua posição social ou suas capacidades excepcionais lhe permitam impor-se como um grande homem, um 'herói' (FREUD, 1996 [1908], p. 173).

Como objetivo da inserção cultural, Freud (1996 [1908]) considerou a sublimação como a saída psíquica que mudaria o objetivo da satisfação sexual para outras formas de satisfação socialmente aceitas. Por meio de um investimento de grande quantidade de energia psíquica em fins culturais, a humanidade teria conquistado grandes avanços civilizatórios. Ao mesmo tempo, esse esforço de supressão dos objetivos sexuais de satisfação seriam fontes de sofrimento. Freud ainda defendeu que a qualidade da relação estabelecida por homens e mulheres em relação ao exercício da sexualidade se revelaria também na forma segundo a qual se relacionam com as outras atividades existenciais:

> O comportamento sexual de um ser humano frequentemente *constitui o protótipo* de suas demais reações ante a vida. Do homem que mostra firmeza na conquista do seu objeto amoroso, podemos esperar que revele igual energia e constância na luta pelos seus outros fins. Mas se, por toda uma série de motivos, ele renuncia à satisfação de seus fortes instintos sexuais, seu comportamento em outros setores da vida será, em vez de enérgico, conciliatório e resignado. No sexo feminino percebemos facilmente um caso especial dessa tese de que a vida sexual constitui um protótipo para o exercício de outras funções. A educação das mulheres impede que se ocupem intelectualmente dos problemas sexuais, embora o assunto lhes desperte uma extrema curiosidade, e as intimida condenando tal curiosidade como pouco feminina e como indício de disposição pecaminosa. Assim a educação as afasta de *qualquer* forma de pensar, e o conhecimento perde para elas o valor. Essa interdição do pensamento estende-se além do setor sexual, em parte através de associações inevitáveis, em parte automaticamente como a interdição do pensamento religioso ou a proibição de ideias sobre a lealdade entre cidadãos fiéis (FREUD, 1996 [1908], p. 182-183).

Assim, percebemos em Freud uma leitura crítica a respeito das consequências civilizatórias para o exercício da sexualidade, bem como a correlação entre a supressão desses instintos e o sofrimento que se manifestava em seu cotidiano clínico. Nesse sentido, podemos afirmar que Freud tangenciou o fator civilizatório para a produção do adoecimento psíquico, mas sem problematizar a questão do patriarcado.

Apesar das críticas sobre o declínio social da imago paterna realizadas sobretudo por Lacan a Psicanálise elaborou uma certa posição nostálgica do valor de autoridade presente e referenciado no pai. A esse respeito ainda, Pombo (2018, p. 468) avalia que:

> Ressaltamos o paradoxo presente em sua posição: por um lado eles lamentam a crise do patriarcado – tido como sistema indispensável para autorizar o exercício da função paterna –, ou seja, admitem que a mudança histórica possa ter efeitos sobre a subjetividade, mas por outro se recusam a admitir que essa mudança histórica promova transformações da própria função do pai, que essa função possa se reinventar e se exercer de outros modos. O que se critica é que a defesa que esses autores fazem do simbólico, da autoridade, da hierarquia, da imposição vertical de limites, aliada a um uso a-histórico da teoria psicanalítica, convocada enquanto garantidora da "ordem simbólica", reforça a moralidade vigente e cria novas modalidades de desvio na atualidade. Desse modo, afeta a maneira como os sujeitos sobre os quais eles pretendem dizer a verdade são vistos e tratados, inclusive na clínica, limitando, portanto, suas perspectivas e possibilidades de escolha, experiência e afeto.

A partir dessa crítica, Pombo (2018) nos convoca a pensar a questão da função paterna como uma categoria histórica, rompendo a conexão entre o seu exercício e o valor de referência patriarcal. Na análise da autora, isso abriria novas possibilidades para o exercício da função paterna. Recuperamos ainda a ideia proposta por Checchia (2020) sobre a necessidade de pensarmos em termos da proposição de novos conceitos, como os de função cuidadora e de função metafórica, já que esses modos de relação se dão para além dos gêneros. Para conseguirmos avançar nessa reflexão, consideramos importante empreender um retorno crítico aos fundamentos da Psicanálise e, para isso, passaremos para uma discussão da relação entre Psicanálise e lei paterna.

3.3 Psicanálise e lei paterna: resistência a uma cultura em situação crítica

A ideia com a qual trabalhamos é de que tradicionalmente a Psicanálise defende e entende o pai e seu papel na organização social e na constituição psíquica em sua função. A princípio, ele atua como obstáculo por ser o agente da castração: como representante da lei paterna, traz como consequência a exogamia e a interdição do incesto e, portanto, da autoridade imaginária. Mas, em sua função, opera também como organizador do psiquismo. Esse, quando pode ser internalizado em sua função simbólica de autoridade, quer dizer, introjetado de forma substitutiva, passa também a ser organizador para uma nova posição subjetiva do sujeito, que pode então alcançar o status de desejante. *Daí sua dimensão simbólica/sagrada*, para realizarmos um paralelo com o que Freud (1996 [1913]) discutiu em seu texto *Totem e tabu*.

Nas palavras de Melman (2009, p. 107), "Se o pai é um obstáculo, é porque ele é o representante dessa ordem simbólica, ele constitui um obstáculo fecundo porque vai fornecer, justamente, a possibilidade das identificações e dos meios adequados para sustentar seu próprio desejo". O autor se questiona a respeito do significado da expressão *é preciso matar o pai*. A partir do exposto, podemos considerar que a passagem pelo Édipo, ao permitir a internalização da autoridade imaginária paterna, cria um elemento que substitui simbolicamente o *pai morto* para o psiquismo, em semelhança com a constituição do Totem. Essa formação substitutiva, a qual cria a instância psíquica, denominada de *Superego*, pode ser considerada a dimensão simbólica do pai: o próprio terceiro paterno.

Em continuidade às elaborações teóricas que permitem a construção da prática clínica psicanalítica, Melman (2009), refletindo sobre como Freud concebeu a teoria e técnica/prática clínica, propõe que:

> Se devemos curar, isso só é possível coletivamente, juntos, entrando em acordo sobre certo número de efeitos, consequências, regras e leis, e é sem dúvida a partir dessa comunidade onde, insisto, ele nunca intervém como pregador, nem como guia, nem como chefe, nem como cientista, mas como técnico, e convidando seu leitor a assistir sua prática (MELMAN, 2009, p. 200).

Essa maneira pela qual Freud formulou e discutiu a prática clínica e as concepções teóricas pode, então, ser considerada como característica do método psicanalítico, isto é, uma convocação ou um convite a *querer saber*. Melman (2009) denomina esse processo de busca coletiva pela verdade fazendo um paralelo com um conceito técnico de objeto terapêutico. Em continuidade:

> Freud não é apenas médico, mas também está, dirá Lacan, preocupado em salvar o Pai, pois fazer dele o objeto curador é evidentemente empenhar-se em santificar o Pai. Eis o que será o encaminhamento freudiano, convidando a considerar, os senhores podem verificá-lo nas *Cinco psicanálises* e em toda sua obra, que seus pacientes neuróticos cedem demais aos imperativos de sua infância, isto é, à maneira como, na infância, eles se interditam o sexo. E Freud lhes diz: "agora, os senhores estão na idade em que têm todos o direito, é legítimo que os senhores renunciem a esses temores da infância, é legítimo que exerçam sua atividade sexual, e esta é a condição da suspensão da neurose" (MELMAN, 2009, p. 201).

A partir desse elemento, Melman (2009) se questiona a respeito da fundação da convivência humana: qual seria o elemento que daria condições para a existência comum dos homens em sociedade? A propósito disso, o autor expõe não se tratar de uma característica natural, mas sim da capacidade do homem de se submeter à autoridade e à lei das quais estamos tratando. Apesar de a organização social ser de ordem não natural, percebemos uma universalização da necessidade da autoridade paterna, para que essa seja possível. Esse elemento tem referência nos parâmetros da sociedade patriarcal. Portanto, podemos perceber o quanto o pai configura-se como o agente da castração, o representante da autoridade, para Freud (1996 [1913]; 1996 [1924]). A qualidade da internalização dessa (autoridade) pelo sujeito é que determinará o seu futuro trânsito na realidade.

De acordo com Lebrun (2004) o pai, para a Psicanálise, tem uma dupla função: de um lado, impede a indiferenciação subjetiva, ou seja, a tomada de um sujeito pelo outro como objeto de desejo integral, o que colocaria o sujeito em simbiose com o outro, apagando a sua diferenciação subjetiva; de outro lado, colocaria o sujeito frente ao vazio, em uma perspectiva construtiva, fazendo da existência algo possível:

> Para fazer isso, vemos claramente que deve simultaneamente estar ali não estando ali demais. Podemos, aliás, evocar aqui o que, na realidade psíquica, designamos com o termo 'traumático', a saber, real sem pai, real que não estaria colonizado pelas palavras; em troca, um pai que tivesse resposta para tudo e que tudo ocultasse seria um pai sem o qual o sujeito nunca poderia passar; nesse sentido, não seria mais, afinal,

que uma segunda mãe – além do mais tóxica, por nada lhe fazendo falta (LEBRUN, 2004, p. 32).

Lebrun (2004) apresenta uma discussão em termos de análise crítica do declínio social da imago paterna na atualidade, sobretudo, a partir do conceito e papel do campo simbólico para a estruturação subjetiva. De todo modo, ao associar a operação terceira e o campo simbólico na necessária encarnação de um outro singular, o pai, o autor reproduz aspectos do caráter patriarcal tão presente nas produções psicanalíticas, especialmente em Freud e em Lacan.

Para Lebrun (2004), existe uma relação entre os conceitos de interdito do incesto, linguagem e Complexo de Édipo. O último seria a reprodução/ repetição, em termos de ontogênese e na dinâmica familiar, de uma lei humana universal, que é o próprio interdito do incesto. O mito edipiano, assim, possuiria a finalidade de instalação da realidade psíquica no sujeito. A relação paterna tem uma maior verticalidade do que a relação materna, a qual é mais simétrica à criança. O terceiro, ou seja, o pai, na relação com a criança, estaria numa posição assimétrica, por isso, vertical. O autor considera ainda haver uma correspondência entre a capacidade de falar (linguageira) com a potência da diferenciação subjetiva. Isso também permitiria ao sujeito sair do campo imediato para a elaboração de um projeto simbólico de vida.

Ademais, Lebrun (2004) recupera a ideia lacaniana de que a castração primária estaria já colocada pela mãe. Pautado na concepção lacaniana de Nome-do-Pai, o autor entende que a autoridade terceira, em sua função simbólica, para que possa ser reconhecida e internalizada pelo sujeito, precisa antes ser referenciada, ou seja, apresentada pela mãe, estando, portanto, operante no próprio psiquismo materno: "O reconhecimento que ela tem da presença de um terceiro dá base suficiente para que se instale a castração para o sujeito. É suficiente, pois, a esse respeito, que haja 'pai na mãe', que haja função paterna assumida pela mãe" (LEBRUN, 2004, p. 37).

Quanto à necessária intervenção do pai real:

> No que se refere à castração secundária, em troca é necessário que o pai real intervenha, pois é o pai real que é efetivamente deferida a função proeminente do complexo de castração. Lembremos, nesse sentido, a relação original do sujeito com a mãe, a etapa que se qualifica de pré-edipiana. A criança se encontra numa relação de engodo com a mãe: ela a engoda ao mesmo tempo que se engoda: está numa relação recíproca (LEBRUN, 2004, p. 37).

O autor considera que, nesse primeiro momento, a criança se vê num "paraíso imaginário". Lebrun (2004) defende que a intervenção paterna real faz com que prevaleça a ordem simbólica à ordem imaginária. A tese de Lebrun (2004) é que, para que o pai possa ocupar sua função terceira, a qual instala o simbólico, superando o registro inicial do imaginário, a sua posição precisa estar sustentada pelo social: "[...] é preciso que o social venha homologar o que é sustentado no seio do recinto privado. A sociedade deve estar congruente com aquele que sustenta o lugar ao intervir como pai real tanto em relação à criança quanto em relação à mãe" (LEBRUN, 2004, p. 42-43). Na concepção de Lebrun (2004), o social precisa sustentar a posição pertinente da intervenção paterna.

Já na perspectiva de Parente (2017), apesar de a obra freudiana questionar os fundamentos da sociedade moderna, a elaboração psicanalítica não deixa de ser atravessada por características culturais conservadoras, as quais estão presentes em seu contexto de criação. Isso se faz notar em especial pelo valor dado por Freud à direção sublimatória das pulsões, que ele considerava ser um dos objetivos do tratamento psicanalítico:

> Sabemos que a obra freudiana rompe alicerces fundamentais da modernidade. A ênfase dada às pulsões, fantasias, clivagem do sujeito, sonhos e ao mal-estar promovido pela civilização navega na contracorrente do *establishment* e do positivismo lógico das ciências modernas. De outro ângulo, assim como vários cidadãos vienenses sublimam paixões e misérias humanas, transformando o que é vil e baixo em algo grandioso e elevado, a clínica freudiana é orientada pelo conceito de sublimação, que assume características conservadoras na psicanálise freudiana, semelhantes às que foram apresentadas na atmosfera vienense de modo mais amplo. O conceito de sublimação é, por conseguinte, o que mais claramente expressa esse elo com o *status quo* de sua época, reconciliando a dimensão trágica inerente às experiências arrebatadoras das pulsões com as demandas sociais em torno das quais estas se expressam (PARENTE, 2017, p. 141-142).

A autora ainda assinala que, dentre as saídas bem-sucedidas do tratamento psicanalítico, a sublimação ocupa lugar de destaque. Outras elaborações possíveis seriam: a aceitação deliberada da censura inconsciente como algo inevitável; e o aceite na consciência das ideias censuradas sem grandes perdas de energia psíquica. A sublimação, por sua vez, traria o benefício de dar conta de projetos narcísicos do sujeito e de transformar esses impulsos em algo de valoração social. Assim, a sublimação realizaria compromissos com a cultura ao propor uma alternativa para o recalque. Pelo fato de a sublimação possuir relação com o *Superego* ou *ideal do eu*, ela se encontraria diretamente na dependência à autoridade imaginária ou lei paterna: "Se a sublimação é até mesmo alimento para a transferência, ela não foge à regra do recalque e, sendo este conceito intrincado do poder patriarcal, a sublimação depende da castração edípica" (PARENTE, 2017, p. 150). Nesse sentido, a conclusão a que chegamos a partir de Freud é a de que não haveria saídas culturais possíveis sem a organização social pautada na autoridade paterna. Por essa razão, percebemos que, apesar de toda a crítica social elaborada, não houve declínio social da imago paterna no cerne da produção psicanalítica freudiana, mas sim uma defesa – apesar de bamba – da sua permanência.

A questão da lei paterna, em Freud (1996 [1913]), a partir da análise que realizou do totemismo, é central para o convívio humano por realizar uma substituição dos desejos inconscientes por conscientes. O avanço civilizatório é dependente desse processo. A humanidade precisaria passar por um reconhecimento de sua pequenez, ou de sua castração, para alcançar a maturidade em termos ontogenéticos e o desenvolvimento social em termos filogenéticos. Freud estabeleceu, portanto, que o processo civilizatório seria associado à renúncia do princípio de prazer, por meio do ajustamento dos sujeitos à realidade.

Esse pressuposto, naturalizado por Freud, é visto por nós como derivado de uma organização social patriarcal. A humanidade passaria então a exercer um trabalho psíquico, bem como concreto, na realidade, para a busca da realização de seus desejos possíveis, aqueles já atravessados pelas proibições que são consequências da internalização da autoridade imaginária paterna.

Também no texto *Construções em análise*, de 1937, Freud mantém o posicionamento de que essa lei organizadora do psiquismo possui um caráter universal, se reatualizando em cada sujeito por meio de sua passagem pelo Complexo de Édipo. Nesse sentido, a internalização da autoridade paterna tem um caráter de verdade histórica:

> Se considerarmos a humanidade como um todo e substituir-
> mos o indivíduo humano isolado por ela, descobriremos que
> também ela desenvolveu delírios que são inacessíveis à crítica
> lógica e que contradizem a realidade. Se, apesar disso, esses

delírios são capazes de exercer um poder extraordinário sobre os homens, a investigação nos conduz à mesma explicação que no caso do indivíduo isolado. Eles devem seu poder ao elemento de verdade histórica que trouxeram à tona a partir da repressão do passado esquecido e primevo (FREUD, 1996 [1937], p. 283).

No texto *Dostoievski e o parricídio*, de 1928, Freud também realizou considerações sobre o Complexo de Édipo como um fenômeno universal e o associou ao aparecimento e à vivência do sentimento de culpa. Freud (1996 [1928]) considerou o homem moral como aquele que não cede aos impulsos, isto é, que não se submete a eles. O fundamento da moralidade estaria na renúncia aos impulsos, a qual teria um valor e interesse prático para a humanidade. À medida que algum impulso possa advir ao sujeito, o sentimento de culpa viria como uma consequência, sendo o parricídio a fonte principal desse princípio. Sobre a relação entre o Complexo de Édipo e o sentimento de culpa, Freud (1996 [1928], p. 192-193, destaques do autor) considera que:

O parricídio de acordo com uma conceituação bem conhecida, é o crime principal e primevo da humanidade, assim como do indivíduo. (Ver meu *Totem e Tabu,* 1912-13.) É, em todo caso, a fonte principal do sentimento de culpa, embora não saibamos se a única; pesquisas ainda não conseguiram estabelecer com certeza a origem mental da culpa e da necessidade de expiação. Mas não lhe é necessário ser a única. A situação psicológica é complicada e exige elucidação. O relacionamento de um menino com o pai é, como dizemos, 'ambivalente'. Além do ódio que procura livrar-se do pai como rival, uma certa medida de ternura por ele também está habitualmente presente. As duas atitudes mentais se combinam para produzir a identificação com o pai; o menino deseja estar no lugar do pai porque o admira e quer ser como ele, e também por desejar colocá-lo fora do caminho. Todo esse desenvolvimento se defronta com um poderoso obstáculo. Em determinado momento, a criança vem a compreender que a tentativa de afastar o pai como rival seria punida por ele com a castração. Assim, pelo temor à castração – isto é, no interesse de preservar sua masculinidade – abandona seu desejo de possuir a mãe e livrar-se do pai. Na medida em que esse desejo permanece no inconsciente, constitui a base do sentimento de culpa. Acreditamos que o que aqui descrevemos, são processos normais, o destino normal do chamado 'complexo de Édipo'; não obstante, exige uma importante amplificação. Uma outra complicação surge quando o fator constitucional que denominamos de bissexualidade se acha, comparativamente, fortemente desenvolvido numa criança, porque então, sob ameaça à masculinidade do menino, por meio da castração, sua inclinação é fortalecida a divergir no sentido da feminilidade, a colocar-se no lugar da mãe e a assumir o papel desta como objeto de amor do pai. Mas o temor à castração torna *essa* solução também impossível. O menino entende que também deve submeter-se à castração, se deseja ser amado pelo pai como se fosse uma mulher. Dessa maneira, ambos os impulsos, o ódio pelo pai e o amor pelo pai, experimentam repressão. Há uma certa distinção psicológica do fato de o ódio pelo pai ser abandonado por causa do temor a um perigo *externo* (castração), ao passo que o amor pelo pai é tratado como um perigo interno, embora, fundamentalmente, remonte ao mesmo perigo externo. O que torna inaceitável o ódio pelo pai é o *temor* a este: a castração é terrível, seja como punição ou como preço do amor. Dos dois fatores que reprimem o ódio pelo pai, o primeiro, ou seja, o medo direto da punição e da castração, pode ser chamado de anormal; sua intensificação patogênica só parece surgir com o acréscimo do segundo fator, o temor à atitude feminina. Dessa maneira, uma forte disposição bissexual inata se torna uma das pre-condições ou reforços da neurose.

Como podemos constatar nesse trecho, Freud (1996 [1928]) considera o atravessamento pelo Complexo de Édipo e a vivência do complexo de castração como elementos cruciais para o entendimento da formação do psiquismo e, em especial, para o trabalho analítico com toda neurose. A saída de tais complexos, pela identificação do sujeito com o pai, que acarreta a formação do *Superego*, constitui um lugar para a existência do *si próprio* no ego. Freud ainda indica o *destino* como uma *projeção tardia do pai.*

Ademais, a relação do sujeito com a autoridade paterna foi entendida por ele como formadora da relação que o sujeito estabelece consigo mesmo na idade adulta. Freud (1996 [1928]) sugere que três das maiores obras da literatura[11] versam sobre o parricídio e que isso não seria um acaso, mas sim resultante da procedência do tema para a vida humana e para a civilização, bem como para o processo de estruturação subjetiva.

---

[11] As obras às quais Freud se refere são os clássicos: Édipo rei, de Sófocles; *Hamlet,* de Shakespeare; e *Os irmãos Karamazov,* de Dostoievski.

Depois de havermos feito esse percurso, podemos considerar que Freud teria colocado o núcleo da Psicanálise na figura do pai. Na sequência, portanto, exporemos a problematização elaborada por Parente (2017) a respeito do fato de que tanta determinação tenha sido colocada na internalização da lei paterna logo no momento histórico no qual se inicia um movimento de questionamento do patriarcado:

> Se a civilização depende da Lei paterna que recalca o incesto e as manifestações culturais mais elevadas ocorrem por meio do processo sublimatório, não é viável pensar a cultura sem a ordem patriarcal. Por outro lado, é curioso que tanta ênfase tenha sido dada à lei paterna justamente quando começa a existir uma desconfiança das autoridades patriarcais que representam o poder na Viena de Freud (PARENTE, 2017, p. 152).

Parente (2017) ainda realiza uma consideração importante quanto ao caráter subversivo da sublimação, uma vez que toda criação, seja artística, seja teórica, contém um potencial transformador da realidade, ou seja, um grau de questionamento da ordem e dos padrões estabelecidos. A própria Psicanálise compreende, desse modo, tal impressão em seu arcabouço, uma vez que foi transformadora da história do pensamento ocidental. Acrescentamos que a Psicanálise também é transformada à medida que dá fala ao sujeito, o qual pode reposicionar-se subjetivamente:

> Se o conservadorismo de Freud se mostra em sua visão patriarcal da sociedade, não podemos esquecer, por outro lado, de como sua teoria da sexualidade desestabiliza bases tradicionais da época. A sexualidade bissexual, polimorfa e infantil rompe com todas as convenções e traz à cena aspectos tenebrosos aos olhos da mentalidade moderna, tão moralista e controlada (PARENTE, 2017, p. 260).

A autora destaca que, numa cultura patriarcal, existe uma tendência dos sujeitos a buscar o apoio das inseguranças que atravessam o existir em uma autoridade, um outro, que se torna representante do pai. A queda dessa ordem, contudo, direciona os sujeitos ao desamparo e o sofrimento é a expressão desse movimento histórico.

Nossa ideia é que a elaboração de Freud versou sobre a leitura desse sofrimento, apesar de não conter diretamente a crítica ao poder patriarcal. Acrescentamos também a potencialidade da Psicanálise para a compreensão de fenômenos de ordem da política

Esse debate nos é caro, pois, na concepção de Parente (2017), traz uma reflexão para a relação entre Psicanálise e verdade. A teoria freudiana busca o desvelamento da verdade do inconsciente, da realidade psíquica; porém, os seus achados não se limitaram ao inconsciente, ou à psicologia individual, mas estenderam-se aos fenômenos do funcionamento social e cultural. À vista disso, uma vez discutidos os elementos que em Freud apresentam-se como resistência à cultura em transformação, buscaremos, enfim, analisar os seus aspectos revolucionários, subversivos.

3.4 Psicanálise subversiva: as críticas sociais presentes na psicanálise freudiana na leitura do sofrimento

Debatemos os aspectos que evidenciam a maneira segundo a qual Freud, por meio da Psicanálise, subverte os paradigmas postos pela ciência de sua época, positivista, com relação à compreensão da estruturação psíquica. Consideramos que esse movimento que o autor realizou contempla uma crítica suficientemente ampla para a sua época no que se refere ao entendimento das particularidades constitutivas do psiquismo decorrentes da relação sujeito e cultura.

Esse movimento fica evidente pela maneira como Freud conduziu a sua clínica, no trato com seus pacientes e na formação de seu arcabouço teórico, estando, portanto, no cerne da construção da Psicanálise. O que a coloca como uma teoria crítica social que contém em si uma ética e um posicionamento político, apesar dos aspectos discutidos anteriormente, que expressam resistência às mudanças culturais que estavam se processando. Das teorias presentes na obra freudiana, as noções de sexualidade infantil e de bissexualidade[12] constitutiva do psiquismo são consideradas pilares de sua subversão:

> A teoria freudiana nasceu da clínica e retornou a esta, para verificação. Freud não pensava fazer Psicanálise de outra maneira... a questão é justamente que quando você põe a soberania na clínica e constrói uma teoria que vise realmente dar conta do que verifica na clínica, você rapidamente se deparará com suas próprias resistências, as resistências dos outros clínicos e, finalmente, a resistência do real da clínica,

---

[12] Gostaríamos ainda de destacar em relação à assunção de uma posição política bastante interessante de Freud, considerada a época em que ele viveu, a petição que assinou em favor da descriminalização da homossexualidade: "[...] assinou, em 1930, uma petição a favor da descriminalização da homossexualidade e defendeu a prática da Psicanálise por sujeitos homossexuais" (COUTINHO JORGE, 2020, p. 29).

que é totalmente inusitado para a teoria até então construída. Freud não foi um desses que desistia! Nem tampouco Lacan, aliás! Assim, Freud se viu levado a propor o sexo como um dos reais que a clínica apresentou para o psicanalista – ao lado da morte, o outro real da clínica para Freud – o que Lacan retomaria depois na articulação com o sintagma heideggeriano do ser-para-a-morte, contrapondo a este, o ser-para-o-sexo da descoberta freudiana. Não só da descoberta de Freud, mas do que ela trouxe de subversão; a bissexualidade é um desses eixos dessa subversão (ALBERTI, 2020, p. 185).

Mesmo Parente (2017) considera que Freud não pode ser visto como um autor conservador, uma vez que as transformações sociais geradas pela Psicanálise implicam uma interrogação social ainda na atualidade, apesar de que ele tenha se mantido coerente com alguns padrões vigentes na sociedade vienense do seu tempo:

> [...] Freud foi ousado a ponto de escutar e traduzir o conteúdo recalcado demoníaco proferido pelas almas modernas, mas, ao conceder voz ao que ouvia, se manteve firme e fiel aos modelos de expressão vigentes em seu tempo. Assim, o complexo de Édipo torna-se lei universal e a sublimação, a mais elevada saída psíquica, o que se coaduna muito bem com os moldes espirituais difundidos entre os cidadãos do Império Austro-Húngaro. Essa marca sublimatória é estratégica para os vienenses que fogem dos conflitos públicos, voltando-se às belezas da arte e da alma humana. O complexo de Édipo, por sua vez, que sublinha a força da lei paterna, atribuindo a esta a condição de humanidade dos sujeitos, esquece como precisamente o poder patriarcal desabava visivelmente por todas as camadas da sociedade austro-húngara (PARENTE, 2017, p. 425).

Anteriormente à virada do século XIX para o século XX, Freud (1996 [1898]) teorizava uma crítica social para elaborar suas considerações a respeito da etiologia das neuroses. No texto *A sexualidade na etiologia das neuroses*, esse aspecto fica suficientemente explícito. Em nota do editor, Strachey (1996) apresenta que, nesse texto, Freud anunciou a sua abordagem de problemas sociológicos para a compreensão das neuroses, muito antes das publicações dos textos que tradicionalmente são considerados como textos voltados à cultura. Freud elabora uma problematização quanto à maneira pela qual a Medicina e seus profissionais se relacionavam aos assuntos da sexualidade, como a masturbação, o uso de anticoncepcionais e as dificuldades da conjugalidade:

As causas sexuais são também as que mais profundamente oferecem ao médico um pouco de apoio para sua influência terapêutica. A hereditariedade é sem dúvida um fator importante, quando está presente; possibilita a manifestação de um forte efeito patológico onde, de outra maneira, o resultado seria apenas um efeito muito fraco. Mas a hereditariedade é inacessível à influência do médico; todos nascem com suas próprias tendências hereditárias à doença e nada podemos fazer para alterá-las. Tampouco devemos esquecer que é precisamente na etiologia das neurastenias que devemos, necessariamente, negar o primeiro lugar à hereditariedade. A neurastenia (em ambas as suas formas) é uma dessas afecções que qualquer um pode facilmente adquirir sem ter nenhuma tara hereditária. Se assim não fosse, o enorme crescimento da neurastenia de que se queixam todas as autoridades, seria impensável. No que se refere à civilização, entre cujos pecados as pessoas tão frequentemente incluem a responsabilidade pela neurastenia, é bem possível que essas autoridades estejam certas (embora o modo como isso se dá difira bastante, provavelmente, do que elas imaginam). Mas o estado de nossa civilização, mais uma vez, é algo inalterável pelo indivíduo. Além disso, sendo esse um fator comum a todos os membros da mesma sociedade, ele nunca poderá explicar a seletividade da incidência da doença. O médico que não é neurastênico está tão exposto a essa mesma influência de uma civilização supostamente prejudicial quanto o paciente neurastênico de que tem que tratar. Sujeitos a essas limitações, os fatores de estafa retêm sua importância. Mas o elemento do "excesso de trabalho", que os médicos tanto gostam de apontar a seus pacientes como causa de suas neuroses, é com demasiada frequência indevidamente usado. É bem verdade que qualquer pessoa que, devido a perturbações sexuais, tenha-se predisposto à neurastenia, tolera mal o trabalho intelectual e as exigências psíquicas da vida; mas ninguém se torna neurótico apenas por efeito do trabalho ou da agitação. O trabalho intelectual é, antes, uma proteção contra a neurastenia; são precisamente os mais incansáveis trabalhadores intelectuais que escapam da neurastenia, e aquilo de que os neurastênicos se queixam como "excesso de trabalho que os faz adoecerem" não merece, em geral, ser chamado de "trabalho intelectual", seja por sua qualidade, seja por sua quantidade. Os médicos terão que se acostumar a explicar aos empregados de escritório que se "esgotaram" em suas escrivaninhas, ou às donas-de-casa para quem se tornaram

> pesadas demais as tarefas domésticas, que eles adoeceram, não por terem tentado executar tarefas facilmente realizáveis por um cérebro civilizado, mas porque, durante todo o tempo, negligenciaram e prejudicaram flagrantemente sua vida sexual (FREUD, 1996 [1898], p. 260-261).

A civilização é, portanto, considerada por Freud (1996 [1898]) como a responsável pela propagação da neurastenia. Em outras palavras, há aqui uma relação entre o modo de organização da vida social e a expressão do sofrimento psíquico. Como expressão de um posicionamento clínico, mas ao mesmo tempo ético-político de Freud, notamos:

> [...] Muitas coisas teriam que ser mudadas. É preciso romper a resistência de toda uma geração de médicos que já não conseguem lembrar-se de sua própria juventude; o orgulho dos pais, que não se dispõem a descer ao nível da humanidade ante os olhos de seus filhos, precisa ser superado; e o puritanismo insensato das mães deve ser combatido - das mães que consideram um golpe incompreensível e imerecido do destino que "justamente os filhos *delas* sejam os que se tornam neuróticos". Mas, acima de tudo, é necessário criar um espaço na opinião pública para a discussão dos problemas da vida sexual. Tem que ser possível falar sobre essas coisas sem que se seja estigmatizado como um arruaceiro ou uma pessoa que tira proveito dos mais baixos instintos. E também aqui há trabalho suficiente para se fazer nos próximos cem anos - nos quais nossa civilização terá que aprender a conviver com as reivindicações de nossa sexualidade (FREUD, 1996 [1898], p. 266-267, grifo do autor).

Parece-nos que a defesa freudiana, apesar de seu alerta de que tal tarefa seria para um século, se coloca ainda como atualíssima. Essa atualidade se evidencia, no caso particular de nossa pesquisa, sobretudo, pelo crescimento de posições de extremo conservadorismo no Brasil[13].

Conforme Freud (1996 [1898]), o desenvolvimento do sujeito contribui para o aparecimento posterior de sua enfermidade. Desde esse ponto de vista, o autor destaca as experiências infantis e a vivência da sexualidade e sua repressão social. Assim fica explicada a nossa defesa no que diz respeito à atualidade da Psicanálise freudiana. Não buscamos aqui explicar o processo de constituição do psiquismo, porém destacamos a consideração

---

[13] Conforme discute Rancière (2020), podemos considerar como presente na atualidade movimentos de conservadorismo em alguns países, sendo a realidade brasileira um recorte. Além disso, pontuamos aqui o efeito de sofrimento que temos escutado em nossa clínica a partir desses acontecimentos políticos.

freudiana de que há uma determinação das experiências sexuais primeiras em relação à manifestação psicopatológica futura.

Com a publicação de *A interpretação dos* sonhos, Freud (1996 [1900]) estrutura os pilares do funcionamento do aparelho psíquico ao considerar os sonhos como sendo regulados pelos mesmos mecanismos psicológicos presentes nas psicopatologias de sua época. Além disso, se destaca o marco na defesa dos processos inconscientes como transformador dos paradigmas da época, já que a Psicologia tradicionalmente se dedicava aos fenômenos da consciência.

Em *Psicologia de grupo e análise do ego*, Freud (1996 [1921]) se dedicou a analisar a relação das características dos grupos, os quais são também entendidos como massa, a partir da psicologia do indivíduo e da investigação sobre a estrutura psíquica. Ele defendeu não haver diferenças entre a psicologia individual e a psicologia social:

> O contraste entre a psicologia individual e a psicologia social ou de grupo, que à primeira vista pode parecer pleno de significação, perde grande parte de sua nitidez quando examinado mais de perto. É verdade que a psicologia individual relaciona-se com o homem tomado individualmente e explora os caminhos pelos quais ele busca encontrar satisfação para seus impulsos instintuais; contudo, apenas raramente e sob certas condições excepcionais, a psicologia individual se acha em posição de desprezar as relações desse indivíduo com os outros. Algo mais está invariavelmente envolvido na vida mental do indivíduo, como um modelo, um objeto, um auxiliar, um oponente, de maneira que, desde o começo, a psicologia individual, nesse sentido ampliado mas inteiramente justificável das palavras, é, ao mesmo tempo, também psicologia social (FREUD, 1996 [1921], p. 77).

Freud (1996 [1921]) indica ser possível a compreensão das organizações das massas por meio da observação das reações dos sujeitos, os quais, por meio de processos identificatórios, conferem características ao grupo. Nas expressões grupais, que seriam, na aparência, novas formações, estariam presentes os impulsos inconscientes, os quais não estariam autorizados a se manifestar no sujeito.

No que se refere à relação do grupo com a autoridade, Freud (1996 [1921], p. 85) entende que:

> Desde que não se acha em dúvida quanto ao que constitui verdade ou erro e, além disso, tem consciência de sua própria grande força, um grupo é tão intolerante quanto obediente à autoridade. Respeita a força e só ligeiramente pode ser influenciado pela bondade, que encara simplesmente como uma forma de fraqueza. O que exige de seus heróis, é força ou mesmo violência. Quer ser dirigido, oprimido e temer seus senhores. Fundamentalmente, é inteiramente conservador e tem profunda aversão por todas as inovações e progressos, e um respeito ilimitado pela tradição.

Freud (1996 [1921]) assinala que as inibições individuais deixam de ser manifestadas no comportamento grupal, dando vazão à prevalência de impulsos cruéis, brutais e destrutivos. No grupo, a partir da identificação dos sujeitos entre si, há uma necessidade de liderança forte, via autoritarismo. Esse processo de dominação se operacionalizaria por meio do efeito das palavras sobre os sujeitos, mesmo que esses buscassem princípios ideológicos ou ilusões. Logo, no grupo, haveria a eliminação da alteridade do sujeito.

Consideramos que, no trabalho psicanalítico, uma análise do sujeito em sua particularidade e a busca pela verdade de seu próprio inconsciente, o rompimento com o comportamento de massa e a possibilidade de conquista de diferenciação subjetiva são propostos por Freud a partir desta crítica, com a qual concordamos:

> Estaremos assim preparados para a assertiva de que a sugestão (ou mais corretamente, a sugestionabilidade) é na realidade um fenômeno irredutível e primitivo, um fato fundamental na vida mental do homem. Essa também era a opinião de Bernheim, de cuja espantosa arte fui testemunha em 1889. Posso porém, lembrar-me de que mesmo então sentia uma hostilidade surda contra essa tirania da sugestão. Quando um paciente que não se mostrava dócil enfrentava o grito: 'Mas o que está fazendo? *Vou vous contre-suggestionnez!*, eu dizia a mim mesmo que isso era uma injustiça evidente e um ato de violência, porque o homem certamente tinha o direito a contra-sugestões, se estavam tentando dominá-lo com sugestões. Mais tarde, minha resistência tomou o sentido de protestar contra a opinião de que a própria sugestão, que explicava tudo, era isenta de explicação. Pensando nisso, eu repetia a velha adivinhação: *'Cristóvão carregava a Cristo; Cristo carregava o mundo inteiro; onde, então, Cristóvão apoiava o pé?'* (FREUD, 1996 [1921], p. 95, grifos do autor).

À medida que Freud altera o método de tratamento tradicional, da hipnose à sugestão, e desta para a associação livre, ainda nos primórdios da estruturação da Psicanálise, há um deslocamento da posição de autoridade do clínico. Este, ao dar voz ao paciente, cede ao exercício de um poder e abre um potencial criativo no sujeito, para que ele sustente a própria existência em um para além da autoridade. Ao definir autoridade como sugestão, Freud (1996 [1921]) abriu um caminho interessante para pensarmos o declínio da autoridade sobre si mesmo como uma potência criativa. Esse declínio serviu tanto para a criação da associação livre como um novo método de pesquisa e prática clínica quanto possibilita a experiência psicanalítica viva hoje.

No texto *O mal-estar na civilização*, de 1930, Freud, como discutido anteriormente, manteve sua posição a respeito do papel do pai para a formação do *Superego* e da constituição psíquica, realizando um paralelo entre filogênese e ontogênese. Ao mesmo tempo, na análise do mal-estar e das tentativas de busca por sua superação em um trabalho em direção à felicidade, o autor abriu brechas teóricas para que possamos pensar o processo de estruturação subjetiva num *para além do pai*. A esse movimento, denominamos *declínio da autoridade sobre si mesmo*. Freud (1996 [1930]) teorizou sobre o aceite de que a autoridade externa não traria garantias para o sujeito em seu processo de construção, até porque se trata de uma questão imaginária. O sujeito, inevitavelmente colocado na posição de desamparo, teria que, por si, empreender um projeto plural a partir do qual pudesse transformar a existência em uma tarefa possível. Esse caminho seria dado pelo tensionamento entre a pulsão de vida e morte:

> [...] O programa de tornar-se feliz, que o princípio do prazer nos impõe, não pode ser realizado; contudo, não devemos – na verdade, não podemos – abandonar nossos esforços de aproximá-lo da consecução, de uma maneira ou de outra. Caminhos muito diferentes podem ser tomados nessa direção, e podemos conceder prioridades quer ao aspecto positivo do objetivo, obter prazer, quer ao negativo, evitar o desprazer. Nenhum desses caminhos nos leva a tudo que desejamos. A felicidade, no reduzido sentido em que a reconhecemos como possível, constitui um problema da economia da libido do indivíduo. Não existe regra de ouro que se aplique a todos: **todo homem tem de descobrir por si mesmo de que modo específico ele pode ser salvo** (FREUD, 1996 [1930], p. 91, grifos nossos).

Na direção da análise do mal-estar na cultura, para além de analista, Freud (1996 [1930]) chegou a ocupar uma posição bastante terapêutica ao anunciar que a busca pela satisfação tenderia a um maior fracasso à proporção que as fichas do sujeito fossem apostadas em uma única forma de realização. A capacidade de experienciar as ofertas do ambiente é considerada pelo autor como um objetivo que tenderia a um maior alcance de prazer. A defesa por uma pluralidade de satisfação não condiz com os valores rígidos expressos no conservadorismo moral vienense. Por essa defesa, verificamos aqui outro anúncio de um potencial criativo dado pela Psicanálise.

É fato que Freud (1996 [1930]) não abriu mão da defesa de que uma dose de repressão é necessária à vivência comunitária, pois entendeu que a liberdade individual não é característica do processo civilizatório. A civilização coloca limites à liberdade humana e a justiça é uma forma de controle dessas restrições. Na comunidade, a lei entra como instrumento de mediação entre os indivíduos da comunidade e como um traço civilizatório. As artes, as ciências e as demais realizações intelectuais, por sua vez, são visualizadas como as maiores expressões civilizatórias e culturais:

> [...] é particularmente difícil manter-se isento de exigências ideais específicas e perceber aquilo que é civilizado em geral. Talvez possamos começar pela explicação de que o elemento de civilização entra em cena com a primeira tentativa de regular esses relacionamentos sociais. Se essa tentativa não fosse feita, os relacionamentos ficariam sujeitos à vontade arbitrária do indivíduo, o que equivale a dizer que o homem fisicamente mais forte decidiria a respeito deles no sentido de seus próprios interesses e impulsos instintivos. Nada se alteraria se, por sua vez, esse homem forte encontrasse alguém mais forte que ele. A vida humana em comum só se torna possível quando se reúne uma maioria mais forte do que qualquer indivíduo isolado e que permanece unida contra todos os indivíduos isolados. O poder dessa comunidade é então estabelecido como 'direito', em oposição ao poder do indivíduo, condenado como 'força bruta'. **A substituição do poder do indivíduo pelo poder de uma comunidade constitui o passo decisivo da civilização. Sua essência reside no fato de os membros da comunidade se restringirem em suas possibilidades de satisfação, ao passo que o indivíduo desconhece tais restrições. A primeira exigência da civilização, portanto, é a da justiça, ou**

> **seja, a garantia de que uma lei, uma vez criada, não será violada em favor de um indivíduo.** Isso não acarreta nada quanto ao valor ético de tal lei. O curso ulterior do desenvolvimento cultural parece tender no sentido de tornar a lei não mais expressão da vontade de uma pequena comunidade – uma casta ou camada de população ou grupo racial –, que, por sua vez, se comporta como um indivíduo violento frente a outros agrupamentos de pessoas, talvez mais numerosos. O resultado final seria um estatuto legal para o qual todos – exceto os incapazes de ingressar numa comunidade – contribuíram com um sacrifício de seus instintos, que não deixa ninguém – novamente com a mesma exceção – à mercê da força bruta (FREUD, 1996 [1930], p. 102-103, grifos nossos).

Freud (1996 [1930]) fez uma aposta de que o progresso social dependeria do fortalecimento do senso comunitário e do favorecimento do bem comum em detrimento das satisfações individuais. A esse respeito, ponderamos que esse senso comunitário pode ser entendido como consequência de processos de tomada de consciência individual a respeito da coletividade. Ademais, pontuamos a defesa freudiana de que esse bem comum estivesse acessível a *todos*. Aqui, destacamos o papel ético e o entendimento de justiça social a partir da Psicanálise.

A respeito desse tema, avaliamos que é relevante fazer um destaque, qual seja: Freud (1996 [1930]) se perguntou, em relação ao destino da humanidade, se o alcance desse bem comum seria possível ou se tal conflito é de solução impossível. A aposta e a expectativa final do autor nesse texto traduzem a sua esperança: *que o eterno Eros prevaleça sobre Tanatos*. Dito isso, apresentamos o que reputamos ser a concepção de progresso civilizatório oferecida por Freud (1996 [1930], p. 128):

> Posso agora acrescentar que a civilização constitui um processo a serviço de Eros, cujo propósito é combinar indivíduos humanos isolados, depois famílias e, depois ainda, raças, povos e nações numa única grande unidade, a unidade da humanidade. Porque isso tem de acontecer, não sabemos; o trabalho de Eros é precisamente este. Essas reuniões de homens devem estar libidinalmente ligadas umas às outras. A necessidade, as vantagens do trabalho em comum, por si sós, não as manterão unidas. Mas o natural instinto agressivo do homem, a hostilidade de cada um contra todos e a de todos contra cada um, se opõe a esse programa de civilização. Esse

> instinto agressivo é o derivado e o principal representante do instinto de morte, que descobrimos lado a lado de Eros e que com este divide o domínio do mundo. Agora, penso eu, o significado da evolução da civilização não mais nos é obscuro. Ele deve representar a luta entre Eros e a Morte, entre o instinto de vida e o instinto de destruição, tal como ela se elabora na espécie humana. Nessa luta consiste essencialmente toda a vida, e, portanto, a evolução da civilização pode ser simplesmente descrita como a luta da espécie humana pela vida. E é essa batalha de gigantes que nossas babás tentam apaziguar com sua cantiga de ninar sobre o Céu.

Entendemos que a Psicanálise foi e se mantém como proposta de elaboração da possibilidade de existir dos sujeitos na civilização moderna. À vista disso, compreendemos que à medida que os processos civilizatórios e de pensamento subjetivo chegaram à constatação do vazio existencial – existência do si para além da autoridade imaginária paterna, desejo convivendo com o desamparo – e da ausência de referências concretas para isso, cada indivíduo precisa criar para si e para o coletivo (ainda que essa também nada mais seja do que uma saída individual) formas possíveis de significação. A Psicanálise existe, portanto, para explicar esse movimento e para autorizar que o sujeito exista por si e que a ciência exista a partir do um.

Quanto à ética a ser exercida nas relações humanas, Freud a considerou como um esforço terapêutico e, nesse sentido, a entendemos como libertária e emancipatória para o processo civilizatório: "A ética deve, portanto, ser considerada como uma tentativa terapêutica – como um esforço por alcançar, através de uma ordem do *Superego*, algo até agora não conseguido por meio de quaisquer outras atividades culturais" (FREUD, 1996 [1930], p. 148).

Logo, podemos verificar a existência, desde os primórdios da elaboração da Psicanálise, da necessária consideração da relação sujeito e cultura. A Psicanálise, enquanto prática clínica e conhecimento científico, é pensada como a resposta freudiana à constatação da crise da autoridade imaginária paterna no campo social. Concebemos então uma concepção progressista freudiana em relação à aposta que ela faz na pulsão de vida e no desenvolvimento da sociedade em uma direção positiva.

Em relação a essa orientação positiva, a Psicanálise apresenta a proposta de pensar as relações humanas a partir de sua ética, a qual leva em consideração a alteridade dos sujeitos e a proposição de novas formas de relação a partir de um investimento em pulsões ternas e de cuidado. Assim, consideramos que a luta contra as posições de poder estabelecidas pela cultura patriarcal é necessária para a produção psicanalítica na atualidade. Trata-se, pois, de uma aposta que necessariamente implica em um trabalho psíquico e concreto cotidiano.

Com relação à necessária atualização da crítica à cultura na gestão do sofrimento humano, trazemos a reflexão de Arreguy e Garcia (2012). Esses autores propõem que o saber paterno se apresenta como semblante na contemporaneidade. O saber não estaria circulando mais como suposição, como o que ocorria na neurose e na Psicanálise na época de Freud, mas sim como um saber real. Nessa condição, estaria numa posição perversa. Nos questionamos se isso não implicaria em uma posição de substituição da autoridade perdida pelo autoritarismo:

> As leis, regras, interditos e limites que norteariam a vida coletiva parecem, assim, cheirar a perfume velho. A Lei, apesar de largamente conhecida, não produz efetivamente os efeitos que preconiza, soando como letra morta. É evidente que as leis existem, mas são cotidianamente burladas. Sua efetividade é que está em questão. Seria fácil concluir daí que a via para a construção de um novo ideal coletivo passa pela vertente da transgressão. Contudo, na pós-modernidade, parece que não se trata de subverter/transgredir uma moral dominante, mas de distorcê-la para que sirva aos interesses socioeconômicos de uma cultura que inverte o antigo padrão dos laços associativos. Muitas vezes, no lugar da transgressão criativa surge uma distorção perversa, pois a Lei se torna elástica, permissiva, contornável, na medida em que é inter-pretada de acordo com os interesses de sujeitos regidos pelo consumo de amor (ARREGUY; GARCIA, 2012, p. 762).

Segundo Arreguy e Garcia (2012), o gozo toma lugar da busca do *ideal do eu*. O *ideal do eu* possui a potencialidade de regular o sujeito e interditar a sexualização via identificação e ternura. Na concepção das autoras, na cultura pós-freudiana, a castração é sabida, mas mascarada, escamoteada. Por esse motivo, toda falta deve ser tamponada. A falta tem sido vista como insuportável, e a diferença, sobretudo a diferença sexual, tem se tornado fetiche.

Frente à necessária continuidade da tarefa psicanalítica de propor um retorno ao passado para a compreensão das questões que se reatualizam, passaremos, por meio da discussão das Atas da Sociedade das Quartas-fei-ras, a analisar a maneira de acordo com a qual esse saber foi estruturado.

Nesses registros, a autoridade, foco de nossa pesquisa, foi tomada como questão. Esse movimento de retomada dos fundamentos se justifica por ser relevante para a compreensão de aspectos teóricos latentes e que ainda merecem atenção.

4

AUTORIDADE EM QUESTÃO: ANÁLISE DAS ATAS DA SOCIEDADE DAS QUARTAS-FEIRAS COMO POTÊNCIA METODOLÓGICA PARA A PRODUÇÃO E O COMPARTILHAMENTO DO CONHECIMENTO PSICANALÍTICO

Neste capítulo, analisamos a maneira segundo a qual a Psicanálise vai ganhando seus contornos como um conhecimento produzido e compartilhado coletivamente, tomando a autoridade em relação ao saber em questão a partir da leitura e da análise das Atas da Sociedade das Quartas-feiras. Para tanto, discutimos o modo como elementos da formação e da transmissão em Psicanálise – estudo teórico, análise pessoal e prenúncio do que se tornou a supervisão de casos clínicos – foram presentificados e elaborados no círculo de discussões dos primeiros psicanalistas, o qual acontecia sob a liderança e a autoridade de Freud e em seu espaço, posto que as reuniões nas noites de quarta-feira eram realizadas em sua casa.

Procuramos demonstrar de que maneira essa nova forma de articular o saber evidencia um outro lugar construído pela Psicanálise em relação à autoridade, inclusive em relação à autoridade do saber. De início, podemos destacar um elemento relevante: a produção de conhecimento se estruturou a partir de encontros de pessoas interessadas em Psicanálise com diferentes formações. Os primeiros psicanalistas discutiam temas relacionados à clínica, mas também de interesse geral da sociedade, em um campo que, embora carregasse um caráter acadêmico, pois as discussões eram disparadas a partir da estruturação de uma conferência e pautadas no rigor do conhecimento formal, encontrava-se fora dos muros da autoridade tradicional sobre o saber instituído (a Universidade).

De acordo com Nunberg (2015 [1959]), as reuniões da Sociedade das Quartas-feiras foram iniciadas no ano de 1902, na casa de Freud. Inicialmente, esses encontros foram denominados *"Noites psicológicas de quarta-feira"*, depois, passaram a *"reuniões de quarta-feira"*, até que, em 1908, a Sociedade Psicanalítica de Viena foi reconhecida.

Nesses encontros, era colocada em foco a problemática do interesse de Freud e do grupo de psicanalistas pela elaboração de uma teoria geral para a Psicologia, a qual superasse as concepções tradicionais da época e se colocasse como possível resposta à leitura do sofrimento psíquico que denunciava uma ordem social em transformação:

> Os homens que se reuniam em torno de Freud interessavam-se por psicologia no sentido mais amplo da palavra. Eles não estavam satisfeitos com o que a psicologia da época tinha a oferecer e buscavam novas ideias, novos fios condutores de que pudessem se valer para um melhor entendimento do ser humano. As teorias de Freud prenunciavam tais contribuições (NUNBERG, 2015 [1959], p. 18-19).

O autor ainda expressa o valor histórico das atas dando destaque à importância de sua leitura crítica para a transmissão e a continuidade da produção do conhecimento em Psicanálise:

> Estas atas têm também uma importância histórica; elas lançam luz sobre o desenvolvimento da psicanálise e nos permitem ver como e quando Freud sai de seu isolamento e volta a tomar contato com o mundo exterior. Esperamos que a publicação das atas contribua para que tomemos conhecimento do processo de amadurecimento da psicanálise, de sua difusão e de seu desenvolvimento. As atas têm uma importância talvez ainda mais essencial: ainda hoje aprende-se muito com elas sobre a técnica e a teoria psicanalítica, sobretudo a partir dos comentários de Freud (NUNBERG, 2015 [1959], p. 36).

Nunberg (2015 [1959]) explica que Freud, ao deixar Viena, em 1938, deixou as Atas da Sociedade Psicanalítica de Viena a Paul Federn. Este, ao se exilar, levou-as consigo e conseguiu evitar a destruição dos manuscritos pelos nazistas, garantindo a publicação futura desses materiais. Podemos considerar que esses escritos trazem a nosso conhecimento a maneira segundo a qual, pela primeira vez, as ideias de Freud foram compartilhadas com um grupo de pesquisadores e clínicos interessados em como funcionava o psiquismo humano, sobretudo, a partir de uma leitura para além da psicologia tradicional e da consciência dos fenômenos clínicos que apontavam para a maneira por meio da qual o mal-estar circulava naquela época.

Nunberg (2015 [1959]) pondera ainda a busca pela superação de uma concepção científica formal/tradicional, representada pela psiquiatria, pedagogia e outros saberes a respeito da psique daquela época, como uma marca desse grupo heterogêneo, o qual era composto por médicos, educadores e escritores. O autor expõe que, desde as atas da sociedade das quartas-feiras, podemos constatar a necessidade de que o analista seja também analisado como sinal de um caminho futuro para a formação de psicanalistas. Em resumo, o entendimento de que somente se poderia auxiliar os pacientes a partir do momento em que se tivesse uma compreensão sobretudo de si está presente nessas atas.

Nunberg (2015 [1959]) indica que essas reuniões foram iniciadas no ano de 1902; mas que foi somente em 1908 que a Sociedade Psicanalítica de Viena, primeira instituição formal de circulação do conhecimento psicanalítico, foi fundada. O autor destaca que não existem registros das reuniões entre 1902 e 1906, ano em que Otto Rank foi nomeado secretário remunerado e passou a escrever as atas.

Roudinesco (2016) explica que a Psicanálise não era reduzida e considerada por Freud como apenas uma concepção teórica a respeito de sua clínica. A intenção freudiana, ao sistematizar uma teoria geral do psiquismo, pode ser vista como resultante de um sistema próprio de pensamento e reflexão sobre as questões que atravessavam a sua época. Esse caráter expandiu o território psicanalítico para além do ensino e da pesquisa universitários formais, transformando-o também em um movimento político:

> Assim, começou a reunir à sua volta, a princípio de maneira informal, um círculo de discípulos que, em sua maioria, não pertenciam ao mesmo domínio do mundo acadêmico vienense. Médico especializado em curas termais, Rudolf Reitler, oriundo de uma família da burguesia católica, foi o primeiro clínico desse cenáculo. Quanto a Max Kahane, médico melancólico e francófono de origem romena, amigo de juventude de Freud, apaixonado por hipnose e terapias múltiplas, acompanhou os primórdios do movimento sem por isso aderir à concepção freudiana da sexualidade. No outono 1902, Reitler Kahane participaram, junto de Alfred Adler e Wilhelm Stekel, da criação da Sociedade Psicológica das Quartas-Feiras (Psychologische Mittwochs-Gesellschaft, PMG), primeiro círculo da história do movimento psicanalítico. Logo juntaram-se a eles Paul Federn, que gostava de se comparar ao apóstolo Paulo ou um oficial subalterno do exército psicanalítico, depois Hugo Heller, editor e livreiro, Max Graf, musicólogo, Eduard Hirschmann, psicobiógrafo empedernido, e, finalmente, Isidor Sadger e seu sobrinho Fritz Wittels, ambos fanaticamente freudianos e misóginos (ROUDINESCO, 2016, p. 135-136).

Checchia, Torres e Hoffamann (2015) apontam que, nos registros das atas, podemos verificar a manifestação de diferentes assuntos que a sociedade apresentava resistência em saber, mas que a clínica psicanalítica, elaboração embrionária à época, escutava como elementos centrais da vida humana que requeriam elaboração. Esses assuntos abordavam a construção da ciência psicanalítica, a constituição do inconsciente, a origem e o tratamento das neuroses, formas de manifestação da sexualidade e o papel da vida sexual em relação ao viver, ou seja, a tomada da sexualidade numa compreensão ampla, relacionada à existência para além de seu sentido reprodutivo.

De acordo com Checchia, Torres e Hoffmann (2015), apesar de os registros serem um fragmento das discussões do grupo, pois elementos importantes das discussões não são possíveis de serem reproduzidos, como as entonações das vozes, as atas dão mostra de dois elementos centrais para a Psicanálise: o desejo pelo conhecimento e a postura investigativa evidenciada pela disponibilidade desse grupo para discutir os temas propostos. Além desses elementos destacados pelos autores, consideramos importante sinalizar a dimensão coletiva das discussões realizadas pela Sociedade.

Para Oliveira (2016), as Atas da Sociedade das Quartas-feiras nos informam o caráter idiossincrático da Psicanálise, o qual se fundou a partir da teoria e da clínica. A autora destaca que as ideias debatidas pelos primeiros psicanalistas revelam a linguagem e as problemáticas da época e o quanto os conceitos psicanalíticos requerem um tempo para as suas elaborações, o que faz de tais registros um importante estudo para os pesquisadores e clínicos da Psicanálise.

Zacharewicz e Formigoni (2015) chamam a nossa atenção para um aspecto importante referente ao modo como o conhecimento psicanalítico se construiu, estando para além do território acadêmico formal, a Universidade. De acordo com as autoras, o debate das ideias psicanalíticas por pessoas que manifestam o desejo de saber sobre Psicanálise foi, e continua sendo, um traço característico da produção desse conhecimento desde o início de sua formação, o que pode ser percebido nas reuniões da Sociedade das Quartas-feiras. Esse é um elemento importante para pensarmos sobre a relação da Psicanálise com o saber instituído pela Universidade, que demonstra outro lugar a ser ocupado em relação à autoridade posta por esse espaço:

> A leitura desses documentos também nos mostra que o corpo teórico psicanalítico constrói-se, principalmente,

> fora do âmbito universitário formal. As reuniões de pessoas interessadas na psicanálise marcam o estilo da transmissão freudiana desde os primeiros tempos. Freud não somente escrevia ao grande público, como há tempos já sabemos, através de suas Obras Completas, mas também se punha a pensar e investigar junto com os colegas (ZACHAREWICZ; FORMIGONI, 2015, p. 311).

Nesse sentido, apresentamos uma leitura crítica possível desses registros, a partir do modo por meio do qual uma concepção geral em Psicologia foi elaborada, transmitida e tensionada para novas formulações, deixando um legado de como as questões existenciais podem encontrar um espaço de elaboração na escuta clínica psicanalítica até os dias atuais. Ao resgatar essa história, nosso objetivo, para além de apreender esse conteúdo, é expor e discutir elementos ainda não ditos, porém presentes na história da Psicanálise, como a naturalização de problemas sociais e a tomada desses no plano individual.

Roudinesco (2016) informa que as reuniões desses primeiros psicanalistas ocorreram até o ano de 1907, momento em que Freud anuncia a dissolução do grupo. É importante destacar que o encerramento dessas discussões abriu espaço para a constituição da primeira instituição psicanalítica da história, a *Wiener Psychoanalytische Vereinigung* (WPV – Associação Psicanalítica de Viena). De acordo com a autora, nessa instituição, a hierarquia se colocou, diferentemente das discussões das quartas-feiras, de maneira vertical entre mestres e alunos. Outro aspecto que cremos como digno de nota foi a admissão de estudiosos estrangeiros, anunciando o começo de um movimento de internacionalização da Psicanálise.

Diante dessas considerações, nossa discussão se estrutura na seguinte direção: primeiramente, analisaremos os temas principais que estiveram presentes nas reuniões de quartas-feiras, aqueles considerados como fundantes e primários para a teoria geral do inconsciente; a seguir, trabalharemos a respeito de como a estrutura de discussões de casos clínicos foi realizada pelo primeiro grupo de psicanalistas, anunciando a presentificação de um deslocamento da questão da autoridade, pois esse movimento, manifesto pelas propriedades das discussões realizadas no cotidiano entre os pares, explicita o que viria a se tornar uma prática da formação, o processo de supervisão.

4.1 Temas fundantes e primários da Psicanálise: de uma concepção geral em psicologia ao processo de tratamento pela transferência da autoridade em relação ao saber

O reconhecimento a respeito da composição do grupo da Sociedade das Quartas-Feiras configura-se como elemento de destaque. Isso porque, como Nunberg (2015 [1959]) nos explica, os seus participantes eram pessoas reunidas em torno de um interesse em comum, a indagação de novas formas de compreender as questões relacionadas à vida psíquica, lideradas por Freud, que assumiu uma posição de autoridade entre iguais, graças a seus achados clínicos e elaborações teóricas sobre o inconsciente.

Esse autor explica que Freud decidiu organizar as reuniões em sua casa, estimulado por Wilhelm Stekel, psiquiatra austríaco e um dos membros da sociedade. O nascimento da Psicanálise é colocado por Nunberg como um reflexo da solidão e do desamparo que marcavam aquela época:

> Assim como o mundo em que viviam, os homens que se reuniam em torno de Freud às quartas-feiras também eram marcados por conflitos. De nossas análises aprendemos que para superar os conflitos internos é necessário em primeiro lugar desvelar suas fontes a fim de se chegar à sua compreensão. Aprendemos também que somos frequentemente inclinados a projetar nossos conflitos no mundo exterior. Podemos, portanto, supor que a necessidade desses homens de compreender e curar seus semelhantes espelhava seu próprio desamparo. Nos encontros da Sociedade, eles não discutiam apenas problemas alheios, mas também suas próprias dificuldades; revelavam seus conflitos internos, admitiam o onanismo, traziam à tona fantasias e memórias referentes a pais, amigos, esposas e filhos. Parece certo dizer que eles eram neuróticos, mas não mais do que muitos outros que não teriam recebido essa denominação. Ainda recordo os chistes que circulavam entre nós, jovens psiquiatras, e aludiam a que os psiquiatras eram esquizofrênicos cuja profissão consistia em buscar a própria cura. Alguns dos primeiros psicanalistas haviam de fato feito uma análise por razões terapêuticas, enquanto outros que não se consideram doentes o bastante para buscar ajuda alheia tentavam empreender uma autoanálise. Desde a publicação das cartas de Freud a Fliess, não é mais segredo que o próprio Freud sofria de neurose, a qual superou mediante sua autoanálise, uma tarefa hercúlea quando levamos em consideração as circunstâncias em que foi realizada (NUNBERG, 2015 [1959], p. 21-22).

Segundo Nunberg (2015 [1959]), as atas já demonstram que a Psicanálise considerava, para além da determinação biológica do aparelho psíquico, a sua determinação social e cultural. A Sociedade das Quartas-Feiras, que posteriormente se transformou na *Sociedade Internacional de Psicanálise*, existiu até 1938, quando Hitler ocupou a Áustria.

Dos assuntos presentes nas discussões que se encontram traduzidas para o português, consideramos importante o destaque de alguns temas centrais que versam sobre a intenção da Psicanálise, desde os seus primórdios, de superar as concepções tradicionais em psicologia produzidas no campo universitário. Essas problemáticas são estruturais para o saber e para a clínica psicanalíticos, sobretudo, por sua articulação com o objeto geral de estudo freudiano, o inconsciente, e seu modo de explicação/compreensão, a sexualidade infantil. A Psicanálise se constituiu, desse modo, como uma teoria geral do psiquismo, que possui como tema central de investigação o inconsciente e o analisa a partir das experiências relacionadas à sexualidade infantil.

As discussões, compiladas nas atas, expressam a elaboração de um novo lugar, de uma nova compreensão a respeito do psiquismo humano, apontando para a construção coletiva de um sistema conceitual do inconsciente, o qual comporta contradições e diferentes formas de compreensão, sem renunciar à ideia geral de determinação inconsciente do fenômeno psíquico determinado a partir das expressões da vida sexual dos serem humanos. As temáticas referentes a fenômenos da arte, literatura e cultura abordadas anunciam um esforço de Freud e dos primeiros psicanalistas para dar coerência e fundamento racional aos achados que lhes apareciam na prática clínica e que expressam a existência do inconsciente, mas que não encontravam formulações teóricas na ciência tradicional e na psicologia que investigava a consciência. O registro da posição freudiana sobre esse tema encontra-se transcrito na edição elaborada por Chechia, Torres e Hoffmann (2015, p. 178) da seguinte maneira:

> A questão referente à necessidade de uma psicologia específica das neuroses deve ser respondida de modo anfótero: sim e não. Se a psicologia reconhecida por todos estivesse correta, não precisaríamos de uma psicologia das neuroses. No entanto, precisamos de uma.

Diante do exposto, pensamos nessas reuniões como expressão de uma revolução simbólica, como foi sinalizado por Roudinesco (2016), que também circulava na sociedade vienense, estando, portanto, vinculada à base material da vida naquele período. Ao recorrer aos elementos da Arte e Cultura para fundamentar e imputar racionalidade às hipóteses clínicas, Freud empreendeu um deslocamento da autoridade: da autoridade imaginária do saber universitário, que buscava nos processos acadêmicos de experimentação a sua objetividade e cientificidade, para outro caminho possível, a busca construtiva da racionalidade a partir elementos sensíveis relacionados à existência e concretizados pela via da história, assim como do pensamento e de expressões artísticas.

Nesse sentido, a seguir, apresentamos temas que selecionamos como as principais discussões presentes nas atas, por serem fundamentais à estruturação da teoria geral do psiquismo, as quais são propostas por Freud e pelos primeiros psicanalistas. Na reunião de 24 de outubro de 1906, o tema do incesto foi tratado a partir da Conferência realizada por Otto Rank. A conferência ficou intitulada como "O drama do incesto".

Nessa ocasião, Freud expôs a diferenciação entre recalque consciente e orgânico (inconsciente). O autor entendeu o recalque consciente como defesa. Essa discussão encontra-se presente no volume VII, publicado pela Imago, *Minhas teses sobre o papel da sexualidade na etiologia das neuroses* (FREUD, 1996 [1906]). Nesse texto, a argumentação freudiana centrou-se no fato de que o caminho mais elaborado para compreender o fenômeno neurótico seria a análise de seu desenvolvimento. A questão da explicação a partir das experiências referentes à sexualidade infantil está colocada na determinação causal do adoecimento:

> Considero valioso enfatizar que, em minhas concepções sobre a etiologia das psiconeuroses, a despeito de todas as modificações, houve dois pontos de vista que nunca reneguei ou abandonei: a importância da sexualidade e do infantilismo. Afora isso, em lugar das influências acidentais coloquei fatores constitucionais, e a "defesa", no sentido puramente psicológico, foi substituída pelo "recalcamento sexual" orgânico. Agora, se alguém perguntasse onde se há de encontrar uma prova mais concludente da suposta importância etiológica dos fatores sexuais nas psiconeuroses, já que se vê a irrupção dessas doenças em resposta às comoções mais banais e até mesmo a causas precipitantes somáticas, e já que foi preciso renunciar a uma etiologia específica sob a forma de vivências infantis particulares, eu nomearia a investigação psicanalítica dos neuróticos como a fonte de que brota minha convicção assim contestada. Quando nos servimos desse insubstituível método de investigação, inteiramo-nos de que os sintomas

> representam a atividade sexual do doente (na totalidade ou em parte) oriunda das fontes das pulsões parciais normais ou perversas da sexualidade. Não só uma boa parte da sintomatologia histérica deriva diretamente das expressões do estado de excitação sexual, e não só uma série de zonas erógenas eleva-se, na neurose, ao sentido de órgãos genitais, graças ao reforço de propriedades infantis, como também os mais complexos sintomas revelam-se como representações "convertidas" de fantasias que têm por conteúdo uma situação sexual. Quem sabe interpretar a linguagem da histeria pode perceber que a neurose só diz respeito à sexualidade recalcada do doente. Para isso, basta compreender a função sexual em sua devida extensão, circunscrita pela disposição infantil. Nos casos em que se precisa incluir uma emoção banal na causação do adoecimento, a análise mostra regularmente que o efeito patogênico foi produzido pelos infalíveis componentes sexuais da vivência traumática (FREUD, 1996 [1906], p. 269).

Destacamos ainda que, nessa argumentação, ainda em 1905, Freud anuncia a questão do adoecimento neurótico como um fenômeno complexo e que possuía uma múltipla determinação e que esse texto freudiano antecede a reunião em que sua ideia foi colocada em debate nas atas. O texto, em seu formato manuscrito, é de junho de 1905 e a reunião de outubro de 1906. Parece-nos que Freud, apesar de contar com uma teoria da sexualidade para a explicação dos fenômenos patogênicos do inconsciente, opta por colocá-la à prova junto ao grupo de discussão, destituindo-se do papel daquele que detém o saber, fazendo-o circular, abrindo-se a novas possibilidades. Essa característica se coloca como expressão do que se tornou substancial para o método psicanalítico: a circulação da palavra.

Nessa ata, também aparece a citação freudiana dos romances familiares como elementos estruturantes da formação neurótica pela primeira vez. Em nota, os editores expõem que esse tema é trabalhado por Freud em outro livro, escrito posteriormente, intitulado *O romance familiar do neurótico*. Segundo Strachey (1996), esse texto foi escrito possivelmente no ano de 1908, quer dizer, dois anos após a discussão que selecionamos a partir das atas. Trata-se de um texto bastante curto, no qual Freud (1996 [1909]) analisa o desenvolvimento social a partir de um movimento de oposição entre gerações, ou seja, a partir de conflitos geracionais, que, em última instância, objetivavam a superação de questões vivenciadas pelas gerações anteriores.

Nesse texto, fica bastante evidente a leitura construída por Freud do conflito individual ao qual os sujeitos modernos estavam submetidos, o enfrentamento da realidade de destituição do poder atribuído às figuras imaginárias de autoridade:

> Os pais constituem para a criança pequena a autoridade única e a fonte de todos os conhecimentos. O desejo mais intenso e mais importante da criança nesses primeiros anos é igualar-se aos pais (isto é, ao progenitor do mesmo sexo), e ser grande como seu pai e sua mãe. Contudo, ao desenvolver-se intelectualmente, a criança acaba por descobrir gradualmente a categoria a que seus pais pertencem. Vem a conhecer outros pais e os compara com os seus, adquirindo assim o direito de pôr em dúvida as qualidades extraordinárias e incomparáveis que lhes atribuíra. Os pequenos fatos da vida da criança que a tornam descontente, fornece-lhe um pretexto para começar a criticar os pais; para manter essa atitude crítica, utiliza seu novo conhecimento de que existem outros pais que em certos aspectos são preferíveis aos seus. A psicologia das neuroses nos ensina que, entre outros fatores, contribuem para esse resultado os impulsos mais intensos da rivalidade sexual. O sentimento de estar sendo negligenciado constitui obviamente o cerne de tais pretextos, pois existe sem dúvida um grande número de ocasiões em que a criança é negligenciada, ou pelo menos sente que é negligenciada, ou que não está recebendo todo o amor dos pais, e principalmente em que lamenta ter de compartilhar esse amor com seus irmãos e irmãs (FREUD, 1996 [1909], p. 219).

Em sua análise, a questão dos conflitos geracionais é de certa forma naturalizada. Neste estudo, problematizamos se, de fato, podemos considerá-la dessa forma. A nosso ver, com base nos conteúdos trabalhados nos capítulos anteriores, a possibilidade de reconhecer o sofrimento em sua representação psíquica, ou, pelo menos, como uma questão individual e questionar-se a respeito dessa questão é um traço característico, não de toda a história humana, mas do sujeito moderno.

Essa conferência também foi elencada por contemplar o tema do incesto, amplamente trabalhado por Freud (1996 [1913]) em *Totem e tabu*. Notamos o caráter de complexificação do entendimento freudiano a partir da consideração de elementos da cultura para a compreensão das problemáticas que afetam o sujeito individual. Como tema fundante, o incesto será compreendido por Freud a partir do trabalho com a questão psicopatológica como um fenômeno central para a própria constituição psíquica humana. A partir de sua análise antropológica, Freud propõe que o incesto imputa uma interdição organizadora das comunidades em termos filogenéticos. No processo da ontogênese, a criança repetiria esse movimento ao internalizar a autoridade imaginária paterna, formando o *Superego*. Esse aspecto será resgatado nas discussões do capítulo quarto.

No dia 7 de novembro de 1906, os psicanalistas discutiram, por meio da apresentação teórica de Adler, o tema das bases orgânicas, entendidas como etiológicas, da neurose. Notamos, em muitas atas, com relação aos primeiros pacientes submetidos ao tratamento psicanalítico, conflitos psíquicos associados à questão da masturbação. Essa temática evocou discussões a respeito da economia psíquica, já que a masturbação foi considerada como uma forma facilitada entre esforço e recompensa. A posição de Freud, ao apresentar a sua arguição, centrou-se em torno de duas ideias: a de que, na neurose, a inferioridade do organismo tenderia a ser compensada pela atividade cerebral (que entendemos tratar-se de atividade psíquica); e a concepção de que o recalque falaria de uma *superestrutura psíquica*. Freud ainda destacou que a neurose estaria relacionada a um conflito entre a disposição constitutiva e as demandas culturais que atravessam a existência do sujeito.

Na reunião de 30 de janeiro de 1907, foi dada sequência à análise da etiologia das neuroses e o debate sobre suas formas de tratamento foi ampliado. Os examinadores do tema ponderaram a respeito do papel do sintoma como constitutivo da formação do conflito neurótico e também como caminho para a sua elucidação. Nessa ata, estava presente a ideia de que o tratamento dos sintomas não é o foco da escuta psicanalítica; antes, o seu objetivo seria a elucidação das causas do conflito psíquico que gera como sinal o sintoma. Logo, o conflito, ao ser solucionado, traria a *queda do sintoma por consequência*.

Consideramos essa uma discussão de destaque, pois também são pensadas questões referentes à economia psíquica, as quais são reveladas por meio do debate do tema da força psíquica para as forças pulsionais que geram o sintoma. Igualmente, assinalamos a relevância do fenômeno da transferência nessa ata, o qual foi colocado como instrumento terapêutico e como fator que torna digerível conflitos desagradáveis para o paciente.

Freud argumentou, nesse dia, que a função da terapia psicanalítica seria a de possibilitar ao paciente a transformação de um aspecto individual – o qual, em nossa opinião, pode ser interpretado como conflito individual – em um fenômeno humano e, portanto, universal. Freud seguiu a sua defesa de que a psicanálise poderia auxiliar o paciente a aprender a reconhecer os seus próprios processos de recalque, levando-o a ser o seu próprio terapeuta.

Essa é uma conferência importante, sobretudo pelo posicionamento assumido por Freud, que será materializado ao longo do desenvolvimento de sua teoria e técnica. Esse aspecto se confirma em nota dos editores (CHECCHIA; TORRES; HOFFMANN, 2015).

Ademais, a sua relevância está, em especial, ligada ao fato de que Freud defendeu o conhecimento psicanalítico na direção de sustentar que a etiologia das neuroses reside em conflitos inconscientes decorrentes da sexualidade infantil, assim como na apresentação fenomênica e dinâmica da neurose. O autor também deu destaque ao papel da transferência no tratamento psicanalítico. Como possibilidades para o processo de cura ou de elaboração das neuroses, Freud apresenta as seguintes saídas: um trabalho construtivo no preenchimento das falhas de memória, ou seja, a transformação do material inconsciente em consciente; e a transferência como forma de superação das resistências. A relação de autoridade posta na figura do clínico é defendida a partir da superação da lógica da sugestão colocada pela hipnose, demarcando um deslocamento da autoridade em relação ao saber.

Nesse sentido, opinamos que a técnica da hipnose denuncia a manutenção do poder de influência do clínico sobre o paciente. Ao defender o abandono dessa técnica, Freud realiza, ao mesmo tempo, a passagem do poder à fala de seus pacientes, efetivando um deslocamento da autoridade imaginária do clínico sobre o processo de "cura", para uma autonomia de entendimento do paciente a respeito de si mesmo, que o faz trilhar um caminho de destituição da influência do outro para a construção de sua própria autonomia. Em outras palavras, a passagem da autoridade imaginária para a *autoridade de si*.

Freud argumenta que o processo de cura psicanalítica se daria a partir da transferência, já considerada como *cura pelo amor*, por meio de um processo de mudanças permanentes. Ao expor essa questão, ele propõe, além do mais, uma crítica à psicologia e à psiquiatria tradicional. Para Freud, se esse conhecimento fosse funcional, ou seja, se apresentasse alternativas de superação para os problemas e sintomas neuróticos, a Psicanálise seria desnecessária. A atividade clínica e a análise da realidade são indicadas pelo autor como sinais da necessidade de uma nova forma de compreensão que estava sendo gestada.

No ano anterior à discussão relatada nessa ata em análise, Freud (1996 [1905]) elaborou um texto intitulado "Tratamento psíquico (ou anímico)". Nesse trabalho, ao explicar a sua técnica, ele menciona um encaminhamento para as questões psíquicas que afetam o ser humano. Ao desenvolver o seu raciocínio, elabora uma crítica importante às formas de encaminhamento dadas pela hipnose e pelo método sugestivo:

> A sugestão, portanto, não constitui de antemão a certeza de uma vitória sobre a doença tão logo se consiga a hipnose, ou mesmo a hipnose profunda. Falta ainda travar uma outra batalha, cujo desfecho é amiúde muito incerto. Por isso é que uma única hipnose não surte nenhum efeito contra as perturbações graves de origem anímica. Com a repetição, porém, a hipnose perde a impressão de milagre que o doente talvez tenha concebido. Sucedendo-se as hipnoses, é possível conseguir que se torne cada vez mais clara a influência que a princípio faltou sobre a doença, até que se alcance um resultado satisfatório. Mas tal tratamento hipnótico pode decorrer de maneira tão cansativa e morosa quanto qualquer outra terapia. Outro aspecto que trai a relativa fraqueza da sugestão, comparada as doenças a ser combatidas, é que de fato ela traz a suspensão dos sintomas patológicos, mas apenas por um curto período. Ao término desse intervalo, eles retornam e têm de ser novamente eliminados pela hipnose e sugestão renovadas. Repetindo-se essa evolução com freqüência suficiente, é comum esgotar-se a paciência tanto do enfermo quanto do médico, tendo por conseqüência o abandono do tratamento hipnótico. São também esses os casos em que costumam instalar-se no doente a dependência do médico e uma espécie de vício na hipnose (FREUD, 1996 [1905], p. 291).

A superação desse limite poderia se realizar por intermédio de uma forma de terapia pautada nas palavras, as quais ele considera como ferramenta essencial para o tratamento psíquico. Consoante Freud (1996 [1905]), as palavras podem ser capazes de influenciar os pacientes na direção de suas curas, pois são instrumentos mediadores da influência de uma pessoa em relação à outra.

No ano de 1912, ao tratar da dinâmica da transferência, Freud (1996 [1912]) sugere concepções semelhantes às suas arguições na ata que acabamos de analisar. Considerou que a transferência pode ser um fenômeno que pode evidenciar os processos de resistência do paciente, porém, ao mesmo tempo, a chave para a elucidação de seus sintomas. À medida que o clínico auxilia o paciente a tomar consciência sobre seus aspectos transferenciais, haveria uma carga de libido do conflito psíquico liberada, que poderia ser destinada a outras formas de trabalho, aliviando, portanto, o sofrimento agregado ao sintoma. Por essa razão, teríamos uma forma de deslocamento do gasto energético para com a manutenção da doença para a possibilidade de investimento em fenômenos da existência e no viver:

> Se "removermos' a transferência por torná-la consciente, estamos desligando apenas, da pessoa do médico, aqueles dois componentes do ato emocional; o outro componente, admissível à consciência e irrepreensível, persiste, constituindo o veículo de sucesso na psicanálise, exatamente como o é em outros métodos de tratamento (FREUD, 1996 [1912], p. 117).

Depois de estudar esses documentos, vemos, em Freud (1996 [1912]), uma crítica e o abandono da posição clássica de poder reproduzida na clínica pela psiquiatria tradicional, bem como a construção de um novo manejo, a partir da dinâmica transferencial, de atribuição, para o paciente, de poder de gestão de seus conflitos e da própria vida. Deslocar dessa maneira a autoridade abre um caminho próprio de desenvolvimento para o paciente e para o sujeito que busca uma análise para o enfrentamento e para a elaboração de suas questões. Para dar sequência à discussão das atas, construímos uma análise do método de trabalho psicanalítico que pode ser apreendido a partir da reflexão sobre esses escritos.

4.2 Discussão de ideias teóricas e do fazer clínico: apreensão do método psicanalítico a partir dos registros presentes nas atas

Mais do que teorias, a partir do resgate e da análise desses documentos, o que apreendemos é a concretização da construção de um método de trabalho, qual seja: o da reflexão teórica decorrente do tensionamento de ideias e concepções por meio de uma construção coletiva entre pares.

Afirmamos esse pressuposto pelo fato de os temas discutidos pelo grupo dos primeiros psicanalistas possuírem uma ampla diversidade. Na discussão dessa variedade temática, um elemento se repete: a articulação do saber entre os pares e o compartilhamento do conhecimento. Esse caráter torna evidente para nós o caminho metodológico presente no campo psicanalítico: o de colocar em questão a autoridade em relação ao saber por intermédio da livre exposição do pensamento e da busca por sua sistematização com base nos achados clínicos e na apreensão dos fenômenos culturais pela análise da história e de obras artísticas, as quais condensam formas do pensamento humano, o que implica em uma fundamentação racional das ideias e achados.

Daremos sequência à nossa análise com suporte na seleção de alguns temas debatidos pela Sociedade das Quartas-Feiras e que, em nossa opinião, se destacam. Como exemplo, podemos citar o fato de que, muitas vezes, as problemáticas investigadas partem de concepções presentes no senso comum, ou no imaginário social, como na Conferência de número 18 intitulada "O sonambulismo", que foi realizada em 27 de março de 1907. Nessa oportunidade, encontravam-se presentes Freud, Adler, [A.] Deutsch, Federn, Hitschmann, Kahane, Reitler, Sadger, Stekel, Rank. A conferência foi proferida pelo Dr. Sadger. A partir do conhecimento que circulava no senso comum, o grupo buscou construir uma relação entre o sonambulismo e a vida onírica.

O conferencista, Sadger, começou o debate apresentando as ideias do senso comum que referenciavam o sonambulismo à influência da lua, destacando a pouca produção científica sobre a temática. As obras literárias citadas foram *Lady Macbeth* (Shakespeare); *O Príncipe de Homburg* (Kleist); *Maria* (Otto Ludwuing); e *Jörn Uhl* (Gustav Frenssen). Após a introdução do tema por essa via dupla, Sadger apresentou as fundamentações de seus posicionamentos com o relato de dois casos clínicos.

A partir dessas considerações iniciais, os primeiros psicanalistas foram trazendo fragmentos de casos clínicos, recortes de obras clássicas da literatura e fundamentando, a partir de elementos da escuta, seja clínica, seja da cultura, explicações para os fenômenos da vida anímica. Nesse sentido, importa-nos pontuar que a estruturação do conhecimento a partir da linguagem e da fala livres fez parte da elaboração do método em psicanálise. Esse traço é paralelo, ou efeito próprio, da associação livre. A construção dos argumentos se dava a partir de elementos que se repetem, seja na clínica, seja nas obras artísticas clássicas.

É interessante pensar que a dimensão psicanalítica, tomada como método, permite fazer da clínica e do conhecimento psicanalíticos um fenômeno histórico, pois esses são produzidos a cada nova escuta e acompanham as transformações sociais. Roudinesco pondera que Freud carregava uma preocupação constante: a de "fazer com que seu movimento pudesse se referir a uma epopeia das origens – uma canção de gesta, com suas fábulas, mitos, história edificante e imagens" (ROUDINESCO, 2016, p. 144). Nessa perspectiva, não podemos deixar de sinalizar a associação da Psicanálise a um feito heroico lendário e referenciado na história e na coletividade.

Além disso, chama a nossa atenção a quantidade de obras literárias analisadas ao longo das conferências e o fato de que Freud assumiu uma posição de liderança nos debates. Notamos que Freud, quando não iniciava o processo reflexivo, após o ministrar das conferências por um de seus colegas, assumia a frente das discussões. Essa postura se manifesta na extensão de suas falas e na profundeza de seus argumentos.

Para nós, outros elementos de destaque são as questões da análise da vida dos poetas e da metáfora para as problemáticas existenciais que suas produções carregam. Esses temas encontram-se explicitados na conferência de número 32, realizada por Sadger, que discutiu sobre a vida e obra do poeta Conrad Ferdinand Meyer (1825-1898). Nesse debate, Freud reflete que as obras são pontos de partida para a análise do artista; já Sadger defende que tomar as obras de arte como base para a compreensão do artista é inseguro, pois não se poderia precisar o limite em que o escrito seria produto da vivência ou da imaginação do autor.

Acreditamos que não foi sem dificuldade que se processou o trabalho de fazer a palavra circular na produção das ideias teóricas. Nas reuniões dos dias 5 e 12 de fevereiro de 1908, que se referem às atas de números 39 e 40, vemos os primeiros psicanalistas elaborarem os conflitos a partir de uma primeira forma, a qual tinha uma característica hierárquica rígida quanto à organização das discussões nos encontros. Até essa data, as reuniões eram organizadas a partir do sorteio do nome de quem faria os comentários e as análises das conferências proferidas. Esse modo de encaminhamento representa uma hierarquia rígida, a qual foi questionada pelos membros do grupo, assim como foram denunciadas formas de resistência, como a saída de membros antes de essa iniciativa ser colocada em prática em cada encontro.

Nesse processo de elaboração, demandou-se de Freud uma posição de limitar e restringir os comentários que porventura os membros fizessem e que pudessem ser agressivos às ideias e aos conferencistas. Para nós, é curioso notar que Freud se recusou a esse papel, negando-se ao exercício desse poder e pedindo a colaboração de seus colegas para que mantivessem parcimônia e diplomacia nas discussões, mantendo sempre o interesse científico e construtivo do conhecimento como regulador dos posicionamentos.

Opinamos que é digno de distinção o posicionamento contrário de Freud a que as reuniões passassem a ser realizadas em outro espaço que não a sua casa. A respeito dos encaminhamentos tomados nessas reuniões, ainda se pontua a congruência para a retirada da obrigatoriedade de fala e a proposta da associação livre (método psicanalítico). Essa decisão foi produto de uma elaboração grupal.

Em relação a esse trabalho de liderar de Freud, que, ao mesmo tempo, devia sustentar a produção do livre pensamento pelos membros da Sociedade das Quartas-Feiras, Zacharewics e Formigoni (2015, p. 311) indicam que:

> Esse aspecto favorecia que Freud fosse posto por alguns membros da Sociedade no lugar de mestre. A partir da leitura das Atas, porém, é perceptível o esforço dele para não ocupar esse posto. Continuamente, propunha e instigava o debate entre todos os participantes e considerava seriamente cada uma de suas contribuições, contrapondo-as ou corroborando-as quando julgava necessário. Essa postura de Freud evidencia sua preocupação não só com a construção da psicanálise, mas também com a formação dos psicanalistas.

Apesar da questão de a autoridade estar presente nos registros das atas de uma forma horizontal, o que sinaliza um deslocamento da autoridade em relação ao saber e aponta para uma perspectiva construtiva e criadora do novo, essas discussões não foram isentas dos traços referentes a seu momento e ao seu contexto de produção. Ou seja, elementos da manutenção da autoridade imaginária paterna fazem-se presentes em elementos discursivos das reuniões, o que marca uma repetição, no novo lugar intencionado para a Psicanálise, das formas anteriores de sociedade e de moral, das quais a Psicanálise é produto e contra as quais empreende críticas.

De acordo com Martins e Moreira (2020), a partir de uma necessária leitura contextualizada das atas da Sociedade das Quartas-feiras, podemos verificar indicativos do ambiente patriarcal (e de sua discursividade), o qual atravessa as primeiras elaborações psicanalíticas. A partir da leitura das atas, compreendemos que o grupo manifestava preconcepções próprias do contexto histórico e da moralidade vienense, posto que foi justamente esse o chão a partir do qual emergiram as primeiras teorias psicanalíticas. As autoras expõem ainda que a integração das primeiras mulheres no círculo seleto de debate das concepções psicanalíticas remonta a 1910, após a dissolução da Sociedade das Quartas-Feiras e a institucionalização da Sociedade Psicanalítica de Viena.

Com o fim de defender a ideia de que o recuo às atas favorece a apreensão do método em detrimento das concepções teóricas ali expostas, evidenciamos uma problematização crítica importante. Sobre a ata de 10 de abril de 1907, Martins e Moreira (2020, p. 90) apontam a presença de preconceitos de gênero e de patologização no que se refere às reivindicações revolucionárias elaboradas pelas mulheres em movimentos sociais pelo entendimento da categoria diagnóstica da histeria. Nas palavras das autoras:

> O que aparece aqui e nos dá indícios do que permanece na lógica da psicanálise é como a reivindicação política das mulheres pode ser deslegitimada e desautorizada pelas explicações que tentam demonstrar a sexualidade como origem do conflito. Se num primeiro momento a teoria da sexualidade infantil é revolucionária em seus pressupostos, num segundo momento, ela pode ser o elemento que recalca o político do sexual (MARTINS; MOREIRA, 2020, p. 91).

A redução da insatisfação demonstrada pelas mulheres daquela época como decorrente da patologia histérica à ordem exclusiva da sexualidade é considerada como um risco, pois desconsidera os determinantes sociais das reivindicações por direitos. As autoras empreendem uma leitura crítica, que consideram como reparadora, pois, no decorrer do debate presente nas atas, é possível verificar uma ampliação na posição freudiana e a consideração do sintoma histérico como "índice da reivindicação feminina de poder ocupar um lugar de sujeito e não somente aquele de objeto de desejo do outro – única via que aparece disponível para o reconhecimento da mulher" (MARTINS; MOREIRA, 2020, p. 92-93).

As autoras ainda consideram que:

> Através de uma amostragem mínima das atas é possível perceber não só como o conteúdo expressa uma insistente crença na superioridade masculina de origem anatômica, mas o quanto também sua forma é problemática, uma vez que o ponto de vista é representado por um grupo de homens discorrendo sobre a sexualidade, inferioridade, frigidez, motivação revolucionária e trabalho femininos. Ali temos os registros do ambiente patriarcal no qual a psicanálise estava inserido, e, embora o termo patriarcado não seja citado, este é um conceito operador importante para descrever a forma de organização social que está baseada na superioridade

> masculina - que justificaria a autoridade paterna e a subordinação das mulheres e dos filhos na sucessão patrilinear (MARTINS; MOREIRA, 2020, p. 94).

A análise desses documentos é tida por Martins e Moreira (2020) como necessária para perceber as consequências do discurso que atravessou as primeiras produções psicanalíticas, tornando-se um instrumento para justificar os lugares de poder de onde falavam os primeiros psicanalistas. A nosso ver, essa retomada é necessária ainda hoje, para que tal movimento não se coloque como *retorno do recalcado*. Ainda nas palavras das autoras:

> Levantar a relação entre o patriarcado e o surgimento da teoria freudiana através da análise da atas e dos textos pode não só possibilitar que a psicanálise repense suas bases teóricas como também fazer com que a política recalcada atrás das bases biologicistas e universalistas da teoria possa tomar forma de discurso e não de sintoma (MARTINS; MOREIRA, 2020, p. 101).

Na direção da apreensão do método de trabalho que pode ser encontrado nas discussões relatadas nas Atas da Sociedade das Quartas-Feiras, consideramos importante destacar a posição freudiana na arguição realizada na ata de número 41. Nessa conferência, intitulada "A essência do símbolo", proferida pelo Dr. Joachim, Freud elabora uma defesa, que a nosso ver, manifesta a essência da psicanálise: *interessamo-nos pelo caminho, não pelo fim.*

Uma outra característica metodológica da proposta freudiana no que se refere à elaboração de uma concepção geral em Psicologia se fez presente: a compreensão da patologia para o entendimento da saúde psíquica. De acordo com Roudinesco (2016) Freud também, como Lacan e anteriormente a ele, teria em sua escrita se entregue a um estilo a ser decifrado (próprio da associação livre, que é o seu método de trabalho), atribuindo à sua obra um tom enigmático. Esse tom, como sabemos, permite uma série de interpretações.

Dessa forma, elencamos como temas fundantes da Psicanálise e manifestos desde as primeiras discussões relatadas nas atas os temas referentes ao núcleo do conhecimento psicanalítico tanto em termos teóricos quanto práticos: conceitos relacionados à dinâmica do psiquismo, bem como caminhos de condução do tratamento e de atribuição de racionalidade ao conhecimento para além da organização tradicional.

Uma vez que expusemos alguns desses conceitos, passaremos à análise de como a discussão de um caso clínico foi encaminhada pelos primeiros psicanalistas. A conferência escolhida, por sua importância e valor histórico, é a do encontro que discutiu um dos casos mais clássicos da obra freudiana: o homem dos ratos. A partir de sua análise, buscaremos fundamentar a relação entre a discussão de um caso por pares com o que se tornou um dos pilares da formação em psicanálise: a supervisão. Isso porque esse aspecto da formação encontra-se atravessado pela questão da autoridade.

4.3 Debate a respeito das ideias primevas em psicanálise e estruturação do caso clínico: o tensionamento teórico como prenúncio da atividade de supervisão

Nos dias 30 de outubro e 6 de novembro de 1907 foi realizada a conferência que discutiu o caso clínico do homem dos ratos atendido por Freud. Tratava-se de um jovem de 29 anos, jurista, atingido por neurose obsessiva. A doença o teria atingido em 1903, porém teve início em sua infância. A discussão considerou o caráter indeterminado e a ocultação do conteúdo como características da neurose obsessiva. Nessa ata, aparece a questão do método: ao realizar a estruturação do caso, Freud demonstrou que o paciente foi autorizado a dar curso a seus próprios pensamentos, como produto da associação livre.

Apresentamos uma correlação entre a discussão do grupo dos primeiros psicanalistas e o caso clínico estruturado por Freud, para demonstrar como a elaboração teórica em Psicanálise se organizou, desde seus primórdios, como um caminho para a construção e a reformulação de hipóteses teóricas sistematizadas pelo que se produz a partir da escuta e da reflexão resultantes da prática clínica. Realizamos esse caminho de análise para pensar o papel de crivo que a reflexão de pares desempenha na condução de casos, o que já era inicialmente feito pelo primeiro grupo de psicanalistas.

Nesse sentido, opinamos que é digno de ênfase o fato de que, no texto publicado em 1919, *Sobre o ensino da Psicanálise nas universidades*, Freud defenda o princípio da discussão de casos clínicos como elemento componente da formação em Psicanálise. A reflexão conjunta seria um aspecto formativo à medida que a condução dos casos pudesse ser balizada por "membros mais experimentados" (FREUD, (1996 [1918], p. 185). Entendemos essa expressão freudiana como referente àqueles que se encontram há mais tempo atravessados pelas condições de análise pessoal, estudo teórico e clínica.

Um destaque importante sobre a conferência sobre a qual refletimos é que as discussões do caso clínico do homem dos ratos foram realizadas nos dias 30 de outubro e 6 de novembro de 1907, mas foram registradas em uma única ata (CHECCHIA; TORRES; HOFFMANN, 2015). Os editores também sinalizam que Freud apresentou esse caso clínico no 1.º Congresso Internacional de Psicanálise de Salzburg em 1908.

A reunião foi iniciada pela apresentação do caso clínico por Freud. A situação clínica referia-se a um quadro de neurose obsessiva em um homem de 29 anos, que era jurista. Os sintomas iniciaram em 1903; porém Freud argumentou que a sua gênese estava localizada na infância do paciente. Como elemento digno de escuta na apresentação do caso, trazemos o deslocamento da autoridade do clínico para a verdade contida na associação e na construção do paciente a respeito do caminho para a compreensão de seus conflitos. O registro da posição de Freud na ata encontra-se da seguinte maneira: "A técnica da análise se modificou no seguinte sentido: o psicanalista já não vai mais em busca do que lhe interessa, mas permite que o paciente siga o curso natural de seus pensamentos" (CHECCHIA; TORRES; HOFFMANN, 2015, p. 344-345).

Checchia, Torres e Hoffmann (2015) ainda explicam que o valor histórico dessa ata reside no fato de que o homem dos ratos foi o primeiro caso clínico atendido pelo método da associação livre. Isso significa que ele inaugurou, para a clínica psicanalítica, um outro lugar a ser ocupado pelo clínico, o de pesquisador, que passa a autoridade para a potência compreensiva e analítica do paciente. Em superação à indução do sentido do sintoma para o paciente, representada pela hipnose e pela sugestão, Freud, em sua clínica, autoriza que os pacientes apostem na associação livre e em suas capacidades de fundamentar a liberdade de expressão na compreensão de seus sintomas e de si.

Após a apresentação dos elementos essenciais do caso, a sintomatologia obsessiva e o conflito que, à época, foi associado à repressão de sentimentos, iniciou-se a arguição dos estudiosos presentes na conferência. Participaram dessa discussão Stekel, Sadger, Hitschmann, Schwerdtner, Rank, Federn, Graf, Adler[14] e Steiner. Após a argumentação, Freud retomou a análise do caso, atravessado pelas considerações realizadas por seus pares, e respondendo-as na ordenação em que foram feitas. Nesse processo de arguição, Freud colocou uma questão importante para o conhecimento psicológico: *a diferença qualitativa entre normalidade e psicopatologia.*

---

[14] É de interesse notar que Adler pontuou uma questão, a respeito da possibilidade de a Psicanálise ser ensinada e/ou aprendida, que até os dias atuais se coloca como problemática para o campo psicanalítico.

Na obra em que Freud (1996 [1909]) apresentou a estruturação formal do caso, ele expôs que a problemática do paciente se configurou, pela extensão de seus sintomas, como relativamente séria. O tratamento teve duração de um ano e houve o reestabelecimento integral da personalidade do paciente, que superou as inibições que continha. Como traço da clínica e da produção psicanalítica como formulação de hipóteses teóricas, podemos extrair o seguinte do escrito de Freud:

> Um programa desse tipo parece exigir de mim alguma justificativa. Isso porque, de outro modo, se poderia pensar que encaro esse método de fazer um comunicado como perfeitamente correto, e como um método a ser imitado; ao passo que, na realidade, me estou ajustando a obstáculos, alguns externos e outros inerentes ao próprio assunto. [...] Devo confessar que ainda não logrei penetrar inteiramente na complicada textura de um *sério* caso de neurose obsessiva, e que, se fosse reproduzir a análise, me seria impossível tornar a estrutura (como, com o auxílio da análise, sabemos ou suspeitamos que ela exista) visível para os outros mediante o volume de trabalho terapêutico que se lhe superpõe [...] Nessas circunstâncias, não há alternativa senão relatar os fatos de um modo imperfeito e incompleto, no qual eles são conhecidos e pelo qual é legítimo que se os comunique. Os fragmentos de conhecimento oferecidos nestas páginas, embora tenham sido reunidos com suficiente laboriosidade, não podem, em si, dar provas de satisfazerem a contento; podem, contudo, servir de ponto de partida para o trabalho de outros investigadores, e um esforço comum poderá trazer o êxito que talvez esteja além do alcance do esforço individual (FREUD, 1996 [1909], p. 139-141).

No início da apresentação do caso clínico, Freud (1996 [1909]) defendeu a questão da associação livre como convite para que o paciente se submetesse à regra fundamental do tratamento:

> No dia seguinte, eu o fiz comprometer-se a submeter-se à única e exclusiva condição do tratamento, ou seja, dizer tudo que lhe viesse à cabeça, ainda que lhe fosse *desagradável* ou que lhe parecesse *sem importância, irrelevante* ou *sem sentido.* Então lhe dei permissão pra iniciar suas comunicações com qualquer assunto que o contentasse, e assim ele começou (FREUD, 1996 [1909], p. 144, grifos do autor).

Na apresentação da forma por meio da qual conduziu o tratamento, Freud (1996 [1909]) explica que o clínico precisa abdicar de sua vontade de saber, manifesta pela curiosidade, deixando o paciente em liberdade para optar pelo caminho a ser trilhado, escolhendo a ordem em que falaria dos elementos. Em superação à ideia de criar no paciente uma convicção a respeito de seus complexos, Freud propôs um meio de representar, na consciência, os complexos que haviam sido reprimidos, de maneira a colocá-los em movimento no campo psíquico. Isso representa uma proposta de gerar algum deslocamento para o investimento dispendido para com o sofrimento. A partir desse percurso, é possível construir o objetivo psicanalítico de *tornar consciente o que é patogenicamente inconsciente*.

Ao apresentar o caso clínico (1996 [1909]), Freud, a um só e mesmo tempo, demonstra a efetivação de seu método de trabalho na clínica. Ele articulou o que escutava a partir dos encontros com o paciente a compreensões em nível teórico que se colocavam como parâmetros analíticos para a compreensão das dinâmicas de funcionamento psíquico. Para exemplificar, ao buscar a etiologia do quadro que afetou o homem dos ratos, ele abstraiu ideias válidas para a compreensão da distinção entre neurose histérica e obsessiva. Na histeria, o autor compreendeu que os elementos causais do adoecimento são substituídos pelo esquecimento, amnésia; enquanto na neurose obsessiva, a partir de sua escuta, percebeu que o paciente jamais havia esquecido do evento causador de seu sintoma. Nas palavras do autor:

> A distinção entre aquilo que ocorre na histeria e numa neurose obsessiva reside nos processos psicológicos que nos é possível reconstruir por trás dos fenômenos; o resultado é quase sempre o mesmo, de vez que o conteúdo mnêmico apagado raramente se reproduz e não desempenha papel algum na atividade mental do paciente. A fim de estabelecer uma diferenciação entre os dois tipos de repressão, temos, a princípio, num caso, que utilizar apenas a certeza do paciente de que ele tem a sensação de haver sempre conhecido essa coisa, e, no outro, de tê-la esquecido há muito tempo (FREUD, 1996 [1909], p. 173).

Conforme Freud (1996 [1909]), a neurose obsessiva do paciente teria sido estruturada a partir de um conflito, consequência do atravessamento pelo complexo paterno, presente em sua infância. Freud relata que o pai do paciente se diferenciava por não se colocar na posição de uma autoridade rígida, mas que demonstrava afável cuidado para com o filho, inclusive, compartilhando as questões das dificuldades da vida. Esse fato se colocou como fator para o aumento da ambiguidade que o filho tinha em relação a seu pai. O paciente passou, então, a ter pensamentos a respeito da morte de seu pai desde a sua infância. A respeito desse conflito, verificamos na análise do caso:

> Não pode haver dúvida de que existia algo, no âmbito da sexualidade, que permanecia entre pai e filho, e de que o assumira alguma espécie de oposição à vida erótica do filho, prematuramente desenvolvida. Muitos anos depois da morte de seu pai, na primeira vez que experimentou as prazerosas sensações da cópula, irrompeu em sua mente uma idéia: 'Que maravilha! Por uma coisa assim alguém é até capaz de matar o pai!' Isto foi, ao mesmo tempo, um eco e uma elucidação das idéias obsessivas de sua infância. Ademais disso, pouco antes de sua morte, seu pai se opôs diretamente àquilo que, mais tarde, se tornou a paixão dominante de nosso paciente. Ele observara que seu filho estava sempre na companhia da dama, e o aconselhou a manter-se distante dela, dizendo ser imprudente de sua parte e que isso só iria fazê-lo de tolo (FREUD, 1996 [1909], p. 177).

Na construção do caso clínico, Freud (1996 [1909]) ainda levantou a hipótese de que havia uma associação à causalidade da doença em referência ao ato de masturbação na adolescência na fala dos pacientes. Esse tema é debatido durante os encontros da Sociedade das Quartas-Feiras. No entanto, Freud realiza uma generalização que possui valor teórico de tese de que a masturbação na adolescência estaria relacionada a uma revivescência do ato masturbatório da infância, remetendo à ideia da sexualidade infantil para a explicação do sintoma neurótico. A masturbação foi considerada por Freud (1996 [1909]) como apenas uma parte das grandes conflitivas atravessadas pelos sujeitos ao longo de sua constituição sexual. Esse aspecto se encontra amplamente explorado no texto de 1905, *Três ensaios sobre a teoria da sexualidade* (FREUD, 1996 [1905]).

No caso do homem dos ratos, Freud (1996 [1909]) considerou que o paciente teve o impulso despertado em relação à masturbação na idade de 21 anos, logo após a morte de seu pai. O autor explica, numa esfera ampla, que, a partir de conflitos vivenciados no cotidiano, a sexualidade infantil dizia respeito à relação de ambiguidade, amor e ódio, vivenciada pela criança em direção às figuras de cuidado, mãe e pai. Ademais, desta-camos o papel da vivência do conflito no plano da realidade psíquica. Isto é, não se trata, em Psicanálise, de sinalizar a realidade dos fatos geradores do conflito psíquico, mas sim da narrativa que o sujeito pode construir a partir das marcas mnêmicas que ficam registradas no viver de sua história.

Não interessa saber, portanto, se a cena de fato ocorreu na realidade ou não, mas escutar a repetição da questão possível por meio das fantasias que os pacientes relatam.

Freud (1996 [1909]) constrói um paralelo de que a narrativa de um sujeito sobre sua história funcionaria de modo semelhante aos mitos de origem de determinado grupo social. Para o autor, na reconstrução da história individual, há uma sexualização dos processos de recordação, ou seja, o indivíduo realiza uma associação de vivências da ordem da sexualidade a acontecimentos banais, o que gera uma ampliação do interesse sexual. Segundo o autor, a dinâmica da neurose reside na formação de um complexo denominado de *complexo nuclear das neuroses*. Esse seria consequência da permanência de vestígios de amor objetal, os quais derivam da atividade autoerótica da criança e são formados a partir do conteúdo de sua vida sexual.

Sobre o valor científico da Psicanálise a partir da escuta clínica, Freud (1996 [1909], p. 182) defende que: "[...] Os resultados científicos da psicanálise são, presentemente, apenas co-produto de seus objetivos terapêuticos, e por esse motivo é, com frequência, exatamente nos casos em que o tratamento falha que muitas descobertas são feitas". Apesar de não consistir em nosso interesse primário a análise do caso propriamente dito, consideramos por bem trazer a compreensão freudiana a respeito do sentido do sintoma localizado na representação dos ratos. Reforçamos que nosso interesse está voltado para a apreensão do valor do relato para a construção do método psicanalítico:

> Devo confessar que posso apenas fornecer um relato muito incompleto de toda a situação. Aquilo que a punição com ratos nele incitou, mais do que qualquer outra coisa, foi o seu erotismo anal, que desempenhara importante papel em sua infância e se mantivera ativo, por muitos anos, por via de uma constante irritação sentida por vermes. Desse modo, os ratos passaram a adquirir o significado de 'dinheiro'. O paciente deu uma indicação dessa conexão reagindo à palavra 'Ratten' ['ratos'] com a associação *'Raten'* ['prestações']. Em seus delírios obsessivos ele inventou uma espécie de dinheiro regular como moeda-rato. Por exemplo, ao responder a uma pergunta, disse-lhe o valor de meu honorário por uma hora de tratamento; ele disse para si próprio (segundo eu soube, seis meses mais tarde): 'Tantos florins, tantos ratos'. Paulatinamente traduziu para a sua língua o complexo inteiro de juros monetários centrados em torno do legado que lhe daria o pai; isso quer dizer que todas as suas idéias correla-

> cionadas com aquele assunto se reportavam, por intermédio
> da ponte verbal Raten-Ratten', à sua vida obsessiva e caíam
> sob o domínio de seu inconsciente. Ademais, o pedido que
> lhe fizera o capitão, para reembolsar as despesas relativas ao
> pacote, serviu para fortalecer a significação monetária de
> ratos, mediante outra ponte verbal, *Spielratte'*, que recon-
> duziu à dívida contraída por seu pai no jogo (FREUD, 1996
> [1909], p. 187, grifos do autor).

Freud (1996 [1909]) ainda sinaliza que o paciente demonstrava a familiarização da associação de ratos com doenças contagiosas, logo, esses animais seriam representantes de seu medo de uma doença sexualmente transmissível, a saber, considerando aquela época, a infecção por sífilis. Devido à manifestação dessa doença dar-se no pênis, o rato também estaria, por associação, vinculado ao órgão sexual masculino.

A esse respeito, Freud destaca que tais associações, de caráter exagerado ou extravagante, seriam construídas pelos artistas na elaboração de suas obras. Nesse sentido, a partir da escuta clínica e da reconstrução das associações do paciente, Freud pôde chegar ao significado do adoecimento para o analisado. O material, fruto da escuta clínica, foi, portanto, associado às generalizações teóricas sobre a constituição da sexualidade infantil e da interpretação dos sonhos, alcançando o valor de método:

> Com o auxílio de nosso conhecimento acerca das teorias
> sexuais da infância e do simbolismo (adquirido, como o foi,
> a partir da interpretação de sonhos) tudo pode ser traduzido
> e adquirir significado (FREUD, 1996 [1909], p. 189).

Diante do exposto, pudemos visualizar que os processos de arguição da conferência freudiana produzidos a partir dos encontros dos primeiros psicanalistas na Sociedade das Quartas-Feiras encontram-se relacionados à análise final do caso do homem dos ratos conforme consta em sua publicação. Desde esse ponto de vista, podemos pensar que o tensionamento do saber junto aos pares possibilita o avanço na compreensão da dinâmica do caso atendido e aperfeiçoa as ações clínicas a serem tomadas.

Desse modo, podemos perceber na dinâmica das discussões um traço bastante marcado do que ficou conhecido como um dos pilares do fazer psicanalítico, o debate dos encaminhamentos clínicos adotados junto a um par *mais experimentado*, ou seja, o processo de supervisão.

É importante referenciar que, segundo expõem Roudinesco e Plon (1998), em seu verbete, a "análise didática", oficialmente instituída pela IPA em 1920, teve a sua origem associada às discussões da Sociedade das Quartas-Feiras. Nesse movimento inicial, Freud e os primeiros psicanalistas recebiam para a análise pessoas de seus convívios próximos e articulavam conjuntamente a condução de casos clínicos. Ademais disso, ocorria de Freud empreender os tratamentos de seus colegas membros do grupo de discussão.

Para finalizar a discussão do presente capítulo, trazemos uma explicação importante sobre a dissolução da Sociedade das Quartas-Feiras:

> Em 1907, a Sociedade ainda contava com vinte e um membros ativos quando Freud proclamou sua dissolução. Preocupado então com respeitabilidade, e procurando marginalizar alguns vienenses a seu ver demasiado exaltados, fanáticos ou dissidentes, criou uma verdadeira associação, a Wiener Psychoanalytische Vereinigung (WPV), primeira instituição psicanalítica da história do freudismo. Aboliu a regra que obrigava todos a tomar a palavra sob certas condições e instaurou uma regulamentação que, *de facto*, fundava-se na existência de uma hierarquia entre o mestre e os alunos, até mesmo entre mestres e alunos. Mas, acima de tudo, estimulou a entrada de discípulos 'estrangeiros' na nova instituição, em especial Max Eitingon, Sándor Ferenczi, Karl Abraham, Carl Gustav Jung e Ernest Jones. Assim se constituiu entre 1907 e 1910, o primeiro núcleo dos grandes discípulos de Freud – todos homens –, que progressivamente contribuíram para a internacionalização do movimento. Praticavam a psicanálise geralmente após terem feito um tratamento com algum dentre eles ou com o próprio Freud, Federn ou Ferenczi. Ao banquete socrático sucedeu assim uma espécie de Academia, perpassada por controvérsias, mas tendo sobretudo a função de estabelecer uma política da psicanálise descentrada de Viena e voltada para a Europa e, em breve, o continente americano. E, para assegurar a transmissão do saber psicanalítico, Freud e seus discípulos fundaram três periódicos, com a ajuda de Hugo Heller: o *Jahrbuch für Psychoanalytische und Psycopathologische Forschungen* em 1909, o *Zentralblatt für Psychoanalyse, Medizinische Monatsschrift für Seelenkunde* em 1910 e, por fim, a *Imago* dois anos mais tarde. O primeiro era uma publicação clínica, o segundo, o órgão do movimento internacional e o terceiro, de inspiração mais estética. O contato com os membros desse novo círculo fez

> com que Freud retomasse a intensa atividade epistolar, da qual sentia falta desde seu rompimento com Fliess. Todos os dias escrevia uma dezena de cartas, em caracteres góticos, nas quais tratava de questões teóricas, clínicas ou políticas como de problemas cotidianos. Nessa correspondência, o 'você' [*du*], reservado aos amigos de mocidade e membros da família, estava excluído em se tratando dos discípulos, homens ou mulheres: *Lieber Herr Kollege, Herr Doktor, Lieber Freund, Dear Jones, Liebe Marie, chère Princesse, Liebe Lou, Verehrter Freund un liebster alle Männer* (ROUDINESCO, 2016, p. 141-143, grifos da autora).

Sobre o processo de internacionalização da Psicanálise, essa autora considera que foi um movimento atravessado por conflitos transferenciais e também por dissidências teóricas, sendo Freud, muitas vezes, associado a um pensador solitário. Não podemos deixar de destacar esse como um traço característico do fazer psicanalítico, uma vez que a Psicanálise se refaz a cada novo encontro clínico entre o sujeito que busca saber de si e o analista que o acompanha nesse caminho. Apesar disso, em termos do que permanece ao longo da história, o trabalho coletivo de pensamento no campo psicanalítico, como manifesto desde as atas, torna-se respaldo e crivo analítico que oferece suporte para uma atividade, que, inevitavelmente, possui uma dimensão solitária.

Portanto, podemos considerar que a análise crítica das Atas da Sociedade das Quartas-Feiras nos leva à representação de uma primeira proposta e estrutura da circulação do pensamento psicanalítico. Essa regressão histórica explicita como o tripé da formação em Psicanálise estava posto de forma embrionária. Apesar de ainda não contar com uma sistematização conceitual, os aspectos de estudo teórico, análise pessoal e supervisão estavam presentes nessas reuniões, por meio da maneira como esse grupo se colocou em relação à construção e ao compartilhamento do saber e das ideias que eram ali compartilhadas, assim como em relação à questão da autoridade.

Nesse caminho, a autoridade foi tomada como questão em representação ao deslocamento do poder em relação ao saber na estruturação da Psicanálise. A partir dessa dinâmica, passaremos à análise dos aspectos conceitual e teórico da autoridade na elaboração da obra freudiana.

DO CONCEITO DE AUTORIDADE À EMERGÊNCIA DA PSICANÁLISE: LIMITES E CONTRIBUIÇÕES DA TEORIA FREUDIANA PARA A ELABORAÇÃO DA CRISE PSICOLÓGICA INSTAURADA PELO DESLOCAMENTO DA AUTORIDADE

Uma vez que a autoridade foi tomada e analisada como questão presente na gênese da produção do conhecimento psicanalítico e apreendida a partir do retorno pela via da leitura e análise das atas das reuniões da Sociedade das Quartas-Feiras, neste capítulo, apresentamos a circunscrição do conceito de autoridade e a sua relação com a emergência da Psicanálise. Com emergência, associamos a ideia de construção do conhecimento psicanalítico em determinado momento histórico, mais precisamente na transição do século XIX para o século XX, assim como o seu sentido de urgência, associado à dimensão ético-política e à função social da clínica psicanalítica na atualidade.

Nossa discussão atravessa a seguinte estrutura: num primeiro momento, delimitamos o conceito de autoridade em Freud, a partir da leitura analítica do texto *Totem e tabu*, de 1913, e buscamos discutir a universalização posta na compreensão mítica da fundação da ordem social, a partir da ideia de poder totalitário organizativo do campo social e de seus limites para a compreensão da dinâmica psíquica individual; em um segundo momento, analisamos a questão da internalização da autoridade paterna para a formação do aparelho psíquico atravessado por uma leitura crítica do entendimento freudiano a respeito do complexo de Édipo; por fim, analisamos a escuta analítica como uma estratégia sensível para a dissolução da autoridade imaginária e como potência para a construção da autoridade de si, formada pela possibilidade de livre expressão fundamentada.

5.1 Circunscrição do conceito de autoridade em Freud: do poder totalitário do totem aos limites do pai da horda

Apresentamos uma circunscrição do conceito de autoridade em Freud a partir da análise crítica do texto *Totem e Tabu* (FREUD, 1996 [1913]). Nessa obra, o autor postula a origem da civilização a partir da relação de poder entre filhos e a autoridade, colocada via ato, pela força do líder, pai totêmico. A partir de uma análise antropológica, o autor abstrai uma tese válida para a explicação da organização social a partir da ideia de mito de origem pautado na submissão ou na internalização da autoridade por membros de um grupo, os quais foram limitados, em sua análise, à ideia de filhos, com a autoridade de um pai totalitário, totêmico.

Além disso, problematizamos a naturalização da internalização da lei paterna e a sua universalização, sinalizando os limites decorrentes de um tipo de organização social e de um modo de circulação do poder e da política: o patriarcado. Expomos ainda modos de apresentação do conceito de autoridade e a sua circulação nas organizações sociais de três diferentes dinâmicas históricas analisadas por Freud. Em um primeiro momento, na Idade Primitiva (pré-história), a autoridade teria circulado como lei totêmica totalitária, manifesta pelo totemismo e animismo. Num segundo momento, como reverência e referência imaginária à figura paterna, expressa, sobretudo, na ideia de poder divino na religião. Nessa dinâmica, deus era tomado na aparência humana com caráter santificado. A comunidade teria algumas figuras de autoridade resultantes da representação de deus, sendo o sacerdote o primeiro a ser considerado. Com relação às decisões econômicas e ao poder político, tem-se o rei; e, no núcleo da família patriarcal, o pai. Já num terceiro momento, a autoridade estaria expressa por sua derrocada ou dissolução, dinâmica por meio da qual o sujeito estaria colocado frente ao desamparo, podendo representar tal sofrimento e, inclusive, questioná-lo. Nesse último momento, a ciência e a clínica psicanalíticas aparecem para fazer uma defesa da dissolução da autoridade imaginária, bem como para dar sustentação à autoridade de si pela capacidade e potência da livre expressão subjetiva.

Totem e Tabu (FREUD, 1996 [1913]) é uma obra clássica que manifesta o interesse freudiano pela temática da arqueologia e pré-história. Segundo Strachey (1996), essa produção é considerada como uma das obras favoritas, inclusive pelo próprio Freud. Esse estudo, que tem caráter ensaístico, teve como intenção, manifesta pelo autor no Prefácio da Primeira Edição, ampliar a compreensão de questões não respondidas pela psicologia social, sendo uma contribuição da Psicanálise, que foi motivada pela intenção de pontuar uma diferenciação com relação às pesquisas de Wilhelm Wundt, bem como para fazer um contraponto às produções da escola de Psicanálise de Zurique.

No ensaio, *Totem* é definido num primeiro momento como: "[...] instituição social-religiosa que foi há muito tempo relegada como realidade e substituída por formas mais novas" (FREUD, 1996 [1913], p. 18). A proposta da discussão freudiana foi de "[...] deduzir o significado original do totemismo dos seus vestígios remanescentes na infância" (FREUD, 1996 [1913], p. 18).

Logo, no texto, o *totemismo* é definido como uma religião e também um sistema social primitivo. Tomado como religião, ele manifesta as relações de proteção e reverência entre uma pessoa e o seu totem. Já em seu sentido social, encontra-se vinculado às formas de relação entre os componentes de um clã entre si, bem como de um clã com outro. As funções que o totem possui, nas expectativas do clã, são de proteção e de cuidado; o totem pode prestar auxílio nas doenças e transmitir presságios e advertências.

No início do texto, Freud (1996 [1913]) elabora uma aproximação entre a história da humanidade e a história da constituição psíquica particular, o que o permite a construção de sua tese de que a ontogênese repete a filogênese:

> O homem pré-histórico, nas várias etapas de seu desenvolvimento, nos é conhecido através dos monumentos e implementos inanimados que restaram dele, através das informações sobre sua arte, religião e atitude para com a vida que nos chegaram diretamente ou por meio de tradição transmitida pelas lendas, mitos e contos de fadas, e através das relíquias de seu modo de pensar que sobrevivem em nossas maneiras e costumes. À parte disso, porém, num certo sentido, ele ainda é nosso contemporâneo. Há homens vivendo em nossa época que, acreditamos, estão muito próximos do homem primitivo, muito mais do que nós, e a quem, portanto, consideramos como seus herdeiros e representantes diretos. Esse é o nosso ponto de vista a respeito daqueles que descrevemos como selvagens ou semi-selvagens; e sua vida mental deve apresentar um interesse peculiar para nós, se estamos certos quando vemos nela um retrato bem conservado de um primitivo estágio de nosso próprio desenvolvimento (FREUD, 1996 [1913], p. 21).

Ao analisar o totemismo, Freud (1996 [1913]) argumentou que esse sistema de organização primitiva das comunidades era de interesse para a Psicanálise pelo fato de que, juntamente ao *totem*, estava presente uma interdição sexual, uma lei que versava sobre a proibição de relações sexuais entre pessoas do mesmo totem. Isso é interessante, pois prenuncia uma forma de circulação da autoridade. Na análise da psicologia dos povos primitivos, a autoridade pode ser referenciada à lei totêmica totalitária. Nesse primeiro princípio de organização social, Freud pressupõe a existência da exogamia, por se tratar de uma institucionalização associada ao totemismo. Em sua análise, Freud argue que era consenso entre os estudiosos do tema a questão de que o totemismo seria uma fase necessária e universalmente posta para o desenvolvimento humano. Como consequência psíquica do totemismo, haveria o horror ao incesto. Portanto, pode-se entender que o sistema totêmico se colocou como o fundamento dos deveres sociais e dos limites morais de uma tribo ou grupo social primitivo.

Segundo Freud (1996 [1913]), o horror ao incesto, nos povos selvagens, poderia ser associado, em termos de compreensão teórica psicanalítica, a uma característica infantil ligada às manifestações expressas pela vida psíquica dos pacientes com neurose. Freud também demonstrou, a partir dos estudos de Otto Rank, que o interesse de escritores também expressaria a centralidade do tema do incesto para o interesse dos poetas.

Para Freud (1996 [1913]), no que se refere à problemática psíquica presente em povos primitivos, a elaboração de ideias, na busca por entender e controlar a realidade, foi desenvolvida a partir de uma necessidade material de atuar e dominar a natureza. Para além do totemismo, o animismo é definido por Freud (1996 [1913], p. 89) como "doutrina das almas". Enquanto um sistema psicológico, ainda não era concebido como uma religião propriamente dita, porém exerceria uma função semelhante e conteria os pilares para o desenvolvimento das ideias religiosas. O animismo, para além de ser uma forma de pensar, continha, em sua intenção, instruções, ou seja, um caráter regulatório das ações humanas por meio da técnica e o seu objetivo era controlar os humanos e os demais elementos da natureza, ou, ainda, os seus espíritos. No animismo, a modalidade de pensamento presente que autoriza a expressão do desejo e do poder se encontraria referenciada na onipotência[15].

---

[15] É interessante pontuar que Freud (1909/1996) adota a expressão onipotência de pensamentos como conceito a partir de sua escuta clínica no atendimento do homem dos ratos. Tal conceito foi elaborado teoricamente por Freud, porém aparece como produção autêntica do paciente atendido em sua associação livre. Esse fato encontra-se admitido por Freud também no texto *Totem e tabu* (1913/1996, p. 99).

PSICANÁLISE E CONSTRUÇÃO DA AUTORIDADE DE SI: CONTRIBUIÇÕES
DE UMA ANÁLISE HISTÓRICA PARA A ESCUTA CLÍNICA

Assim, a partir da leitura do texto freudiano, colocamos que a questão da autoridade circula nas seguintes esferas: totemismo; animismo; religião; e ciência. Freud (1996 [1913]) considera que o abandono da onipotência de pensamentos ocorreu por meio do alcance do juízo, que, em seu entendimento, carrega o ato ou efeito de julgar, sendo uma expressão de outra qualidade do pensar, produto de uma operação intelectual, traço que inscreve uma abertura para a compreensão de uma nova forma de relação para com a noção de autoridade:

> Se podemos considerar a existência da onipotência de pensamentos entre os povos primitivos como uma prova em favor do narcisismo, somos incentivados a fazer uma comparação entre as fases do desenvolvimento da visão humana do universo e as fases do desenvolvimento libidinal do indivíduo. A fase animista corresponderia à fase da escolha de objeto, cuja característica é a ligação da criança com os pais; enquanto que a fase científica encontraria em contrapartida exata na fase em que o indivíduo alcança a maturidade, renuncia ao princípio de prazer, ajusta-se à realidade e volta-se para o mundo externo em busca do objeto de seus desejos (FREUD, 1996 [1913], p. 103).

Freud (1996 [1913]) explica que os laços totêmicos possuem maior força do que os laços familiares e, por isso, há divergências na forma como são herdados e/ou transmitidos. O laço totêmico seria herdado por meio da linhagem feminina, sendo a descendência paterna desconsiderada. Para Freud, o totemismo é uma fase pela qual todas as culturas atravessaram. Nisso reside a necessidade e a importância de sua compreensão:

> Se procurarmos penetrar até a natureza original do totemismo, sem considerar os acréscimos ou atenuações subseqüentes, descobriremos que suas características essenciais são as seguintes: *Originalmente, todos os totens eram animais e eram considerados como ancestrais dos diferentes clãs. Os totens eram herdados apenas através da linha feminina. Havia uma proibição contra matar o totem* (ou – o que em condições primitivas, constitui a mesma coisa – comê-lo). *Os membros de um clã totêmico estavam proibidos de ter relações sexuais uns com os outros* (FREUD, 1996 [1913], p. 118, grifos do autor).

Interessa-nos pontuar que Freud (1996 [1913]) pondera que uma explicação que se pretendesse suficiente para a questão totêmica, dado o seu valor para a organização psicológica e social, deveria ser, ao mesmo tempo, histórica e psicológica. O caráter coletivo do totem também poderia também ser associado ao fato de o nome do totem sempre atribuir significado ao grupo e nunca ao indivíduo. Ele ainda destaca que foi uma necessidade prática que movimentou os diversos clãs na direção de adotar nomes, de modo que pudessem ser chamados e referenciados por outros grupos.

Consoante a Freud (1996 [1913]), as restrições impostas pela divisão nominada dos totens incidiram, primeiramente, na questão matrimonial, o que, com efeito, gerou consequências para a liberdade sexual das gerações futuras, remetendo à lei do incesto. Essa restrição, a princípio, referiu-se ao incesto entre irmãos e irmãs, e entre filhos e mães. Dentro desse contexto, o incesto entre pais e filhas teria sido proibido por uma extensão posterior do regulamento totêmico:

> É interessante observar que as primeiras restrições produzidas pela introdução das classes matrimoniais afetaram a liberdade sexual da geração mais jovem (isto é, o incesto entre irmãos e irmãs e entre filhos e mães), enquanto que o incesto entre pais e filhas só foi impedido por uma extensão ulterior dos regulamentos (FREUD, 1996 [1913], p. 132).

De todo modo, a questão freudiana se inscreveu em saber sobre a fonte do horror ao incesto identificado como a gênese da exogamia[16], pois, a partir da experiência psicanalítica, constata-se que há uma hipótese de o horror ao incesto estar associado a uma aversão inata, mas essa interpretação não se sustenta. A partir da escuta clínica, Freud (1996 [1913]) indica que, nos seres humanos, em etapa precoce da vida, as excitações sexuais são de caráter incestuoso e que esses impulsos são reprimidos. Esse processo foi considerado ainda como motivação etiológica para o aparecimento das neuroses em etapas posteriores do desenvolvimento.

Freud (1996 [1913]) recorre à hipótese darwiniana de que o homem primevo viveu inicialmente em pequenas comunidades. Por isso, cada homem tinha poder sobre a quantidade de mulheres para as quais conseguia oferecer sustento. Esse poder estava também relacionado à sua capacidade de guardar as suas posses dos outros homens. Na construção da generalização da internalização da autoridade imaginária paterna, referida em paralelo à instauração do totemismo, para a constituição do ser e para a organização

---

[16] Importa-nos destacar que Freud apresenta uma linearidade de estudos históricos sobre a questão, passando pelas produções dos seguintes autores: J. Long (1791); J. G. Frazer (1910); A. Lang (1905); J. F. MacLennan (1869-70); e Wundt (1906).

social, Freud (1996 [1913]) sugere a existência de uma grande semelhança entre as relações que os homens primitivos e as crianças estabeleceram para com os animais.

Na análise de fobia em crianças, Freud (1996 [1913]) as associa a uma causa em comum, especialmente em se tratando das fobias presentes em meninos. Nessas, o medo estava relacionado à questão paterna e se evidenciava um deslocamento de objeto: do pai a um animal. Como elemento determinante do aparecimento dessas fobias, consideradas como sintomas, Freud indica o atravessamento do complexo de Édipo, proposto como complexo nuclear de toda neurose. Nessa problemática, o ódio pelo pai surgiria no menino em função da rivalidade sentida em relação à mãe. Todavia, como esse sentimento hostil conviveria também com sentimentos ternos e de afeição pela mesma figura não poderia ser representado, daí o deslocamento para um outro objeto, geralmente, um animal, substituto, portanto, da figura paterna.

Para Freud (1996 [1913]) nessas fobias infantis haveria um reaparecimento das características do totemismo, mas em seu aspecto negativo. As concordâncias dos complexos atravessados pelos meninos em relação ao totemismo estariam para "a completa identificação do menino com seu animal totêmico e sua atitude emocional ambivalente com este" (FREUD, 1996 [1913], p. 140). Dessa relação, Freud propõe uma ideia para a explicação do sistema totêmico, a saber:

> A primeira consequência de nossa substituição é notabilíssima. Se o animal totêmico é o pai, então as duas principais ordenanças do totemismo, as duas proibições de tabu que constituem seu âmago – não matar o totem e não ter relações sexuais com os dois crimes de Édipo, que matou o pai e casou com a mãe, assim como os dois desejos primários das crianças, cuja repressão insuficiente ou redespertar formam talvez o núcleo de todas as psiconeuroses. Se essa equação for algo mais que um enganador truque de sorte, deverá capacitar-nos a lançar luz sobre a origem do totemismo num passado inconcebivelmente remoto. Em outras palavras, nos permitirá provar que o sistema totêmico – como a fobia de animal do pequeno Hans e a perversão galinácea do pequeno Árpad – é um produto das condições em jogo no complexo de Édipo (FREUD, 1996 [1913], p. 141).

Como um marco desse evento, ficaria um cerimonial, uma questão simbólica com efeito representativo do ato cometido pelos membros do grupo em relação à figura autoritária original. Freud (1996 [1913]) refere-se à pesquisa realizada por William Robertson Smith, físico, filólogo, crítico da Bíblia e arqueólogo, a respeito da refeição totêmica: tratava-se de um ritual de reverência à divindade nas tribos primitivas que data do século V, cujo objetivo era o de fazer uma oferenda à entidade divina com a intenção de enaltecê-la ou ainda ganhar favores. O laço totêmico de parentesco era reforçado nessas cerimônias, simbolizado pelo ato de comer e beber juntos. A relação de parentesco nessas tribos primitivas resultava do ato de compartilhar uma substância comum:

> A refeição sacrificatória, então, foi em princípio um festim de parentes, de acordo com a lei de que apenas parentes comem juntos. Em nossa própria sociedade, os membros de uma família fazem suas refeições em comum, mas a refeição sacrificatória não tem relação com a família. O parentesco é algo mais antigo que a vida familiar e, na maioria das sociedades primitivas que nos são conhecidas, a família continha membros de mais de um parentesco. O homem casava-se com uma mulher de outro clã e os filhos herdavam o clã da mãe, de maneira que não havia comunhão de parentesco entre o homem e os outros membros da família. Numa família desse tipo, não havia refeição comum. Até os dias de hoje, os selvagens comem isolados e a sós e as proibições religiosas de comida do totemismo freqüentemente tornam--lhes impossível comer em comum com a esposa e os filhos (FREUD, 1996 [1913], p. 144).

No ritual totêmico, sacrificava-se um animal que era considerado como membro da tribo e havia um entendimento de que a comunidade, deus e o animal sacrificado compunham o mesmo sangue e eram, portanto, membros de um só clã. O consumo do totem, proibido em outras circunstâncias, se tornaria obrigatório aos membros do clã nesses rituais sagrados. Esse fato é considerado como um elemento de importância central da religião totêmica. Após a cerimônia de banquete totêmico, o animal morto era lamentado pelo grupo e o luto era a consequência do ato. Esse lamentar encontra-se vinculado à ideia de temor e tem uma função de renegação da responsabilidade pela matança. Por isso, há uma dupla dimensão presente no ritual totêmico que é de interesse para a análise psicológica, já que manifesta o caráter de ambiguidade de sentimentos:

> Mas o luto é seguido por demonstrações de regozijo festivo: todos os instintos são liberados e há permissão para qualquer

tipo de gratificação. Encontramos aqui um fácil acesso à compreensão da natureza dos festivais em geral. Um festival é um excesso permitido, ou melhor, obrigatório, a ruptura solene de uma proibição. Não é que os homens cometam os excessos porque se sentem felizes em conseqüência de alguma injunção que receberam. O caso é que o excesso faz parte da essência do festival; o sentimento festivo é produzido pela liberdade de fazer o que via de regra é proibido (FREUD, 1996 [1913], p. 149).

Freud (1996 [1913]) se dedicou a pensar sobre esse caráter ambíguo da tribo frente ao banquete totêmico. Ao consumirem o totem, os membros do clã alcançariam a santidade e confirmariam os laços de identificação entre si e com a figura totêmica. Na concepção psicanalítica, o animal totêmico é considerado como um substituto paterno:

A psicanálise revelou que o animal totêmico é, na realidade, um substituto do pai e isto entra em acordo com o fato contraditório de que, embora a morte do animal seja em regra proibida, sua matança, no entanto, é uma ocasião festiva com o fato de que ele é morto e, entretanto, pranteado. A atitude emocional ambivalente, que até hoje caracteriza o complexo-pai em nossos filhos e com tanta freqüência persiste na vida adulta, parece estender-se ao animal totêmico em sua capacidade de substituto do pai (FREUD, 1996 [1913], p. 149).

Freud (1996 [1913]) associa os elementos da interpretação psicanalítica com a ideia da refeição totêmica e ainda com as teorias darwinianas sobre as sociedades primitivas e elabora a seguinte tese:

Se chamarmos a celebração da refeição totêmica em nosso auxílio, poderemos encontrar uma resposta. Certo dia, os irmãos que tinham sido expulsos retornaram juntos, mataram e devoraram o pai, colocando assim um fim à horda patriarcal. Unidos, tiveram a coragem de fazê-lo e foram bem sucedidos no que lhes teria sido impossível fazer individualmente. (Algum avanço cultural, talvez o domínio de uma nova arma, proporcionou-lhes um senso de força superior.) Selvagens canibais como eram, não é preciso dizer que não apenas matavam, mas também devoravam a vítima. O violento pai primevo fora sem dúvida o temido e invejado modelo de cada um do grupo de irmãos: e, pelo ato de devorá-lo, realizavam a identificação com ele, cada um deles adquirindo uma parte de sua força. A refeição totêmica, que é talvez o mais antigo festival da humanidade, seria assim uma repetição, e uma comemoração desse ato memorável e criminoso, que foi o começo de tantas coisas: da organização social, das restrições morais e da religião (FREUD, 1996 [1913], p. 150).

Logo, Freud (1996 [1913]) retira dessa compreensão a tese de que os sentimentos ambivalentes presentes nos pacientes neuróticos e nas crianças em relação a seus pais manifestariam, em suas causas, a existência do complexo paterno (*complexo-pai*). O sentimento de ambiguidade se daria por conta do amor e da admiração atribuída à figura paterna, que, ao mesmo tempo, era considerada um obstáculo para o alcance de poder. A questão que se coloca é a de que, ao realizar a morte do pai, essa figura se torna ainda mais forte do que fora em vida, em função de sua internalização. Nas palavras de Freud, a internalização da autoridade imaginária, portanto totalitária, do pai implicaria em uma "obediência adiada":

> O pai morto tornou-se mais forte do que o fora vivo – pois os acontecimentos tomaram o curso que com tanta freqüência os vemos tomar nos assuntos humanos ainda hoje. O que até então fora interdito por sua existência real foi doravante proibido pelos próprios filhos, de acordo com o procedimento psicológico que nos é tão familiar nas psicanálises, sob o nome de 'obediência adiada'. Anularam o próprio ato proibindo a morte do totem, o substituto do pai; e renunciaram aos seus frutos abrindo mão da reivindicação às mulheres que agora tinham sido libertadas. Criaram assim, do sentimento de culpa filial, os dois tabus fundamentais do totemismo, que, por essa própria razão, corresponderam inevitavelmente aos dois desejos reprimidos do complexo de Édipo. Quem quer que infringisse esses tabus tornava-se culpado dos dois únicos crimes pelos quais a sociedade primitiva se interessava (FREUD, 1996 [1913], p. 151).

Do totemismo, surgiriam dois tabus que incidiriam sobre a moral humana: a proteção ao animal totêmico, a qual era consequência de a morte do pai ser irreparável; e o incesto, que trata de um pacto entre os irmãos para a vida em comunidade. Freud (1996 [1913]) se dedica então ao entendimento da questão do sacrifício totêmico e da relação de filho para pai. A partir da experiência psicanalítica, Freud defende que a relação pessoal com Deus também seria dependente da relação com a figura paterna, sendo Deus um pai glorificado. Novamente, temos uma associação da autoridade imaginária paterna a uma figura de referência: totem-pai; deus-pai:

> [...] parece plausível supor que o próprio deus era o animal totêmico, e que deste se desenvolveu numa fase posterior do sentimento religioso. Mas somos liberados da necessidade de novos exames pela consideração de que o totem nada mais é que um representante do pai. Assim, embora o totem possa ser *a primeira* forma de representante paterno, o deus será uma forma posterior, na qual o pai reconquistou sua aparência humana. Uma nova criação como esta, derivada do que constitui a raiz de toda forma de religião – a saudade do pai – poderia ocorrer se, no decurso do tempo, alguma mudança fundamental se houvesse efetuado na relação do homem com o pai e, talvez, também na sua relação com os animais (FREUD, 1996 [1913], p. 155, grifo do autor).

Freud (1996 [1913]) sugere que, se a intenção de alcance do poder paterno não pode ser concretizada, prevalecendo a nostalgia ao pai, o sentimento de reverência fica como elemento derivado e o respeito passa a regular a vida comunitária. A sociedade, outrora sem pai e, portanto, sem autoridade, logo, passa a ser organizada a partir de uma base patriarcal:

> A cena da sujeição do pai, de sua maior derrota, tornou-se o estofo da representação de seu triunfo supremo. A importância que em toda parte, sem exceção, é atribuída ao sacrifício reside no fato de ele oferecer satisfações ao pai pelo ultraje que lhe foi infligido no mesmo ato em que aquele feito é comemorado (FREUD, 1996 [1913], p. 157).

De acordo com Freud (1996 [1913]), no desenvolvimento da humanidade, o animal totêmico foi destituído de sua sacralidade, transformando-se apenas em uma oferenda à divindade. Pelo caráter divino, os humanos, intermediados por um sacerdote, passaram a se aproximar da ideia de Deus; concomitantemente, os reis, representantes de Estado escolhidos por Deus, foram inseridos na esfera social, introduzindo o sistema patriarcal no Estado:

> À medida que o tempo foi passando, o animal perdeu seu caráter sagrado e o sacrifício, sua vinculação com o festim totêmico; tornou-se uma simples oferenda à divindade, um ato de renúncia em favor do deus. O próprio Deus foi sendo exaltado tão acima da humanidade que as pessoas só podiam aproximar-se dele através de um intermediário – o sacerdote. Ao mesmo tempo, os reis divinos fizeram seu aparecimento na estrutura social e introduziram o sistema patriarcal no Estado. Devemos reconhecer que a vingança tomada pelo pai deposto e restaurado foi rude: o domínio da autoridade

chegou ao seu clímax. Os filhos subjugados utilizaram-se da nova situação para aliviar-se ainda mais de seu sentimento de culpa. Não eram mais, de maneira alguma, responsáveis pelo sacrifício, tal como agora se fazia. Era o próprio Deus que o exigia e regulamentava. Esta é a fase em que encontramos mitos apresentando o próprio deus matando o animal que lhe é consagrado e que, na realidade, é ele próprio. Temos aqui a negação mais extrema do grande crime que constituiu o começo da sociedade e do sentimento de culpa. Mas há, nesta última representação do sacrifício, um significado que é inequívoco. Ele expressa a satisfação pelo primitivo representante paterno ter sido abandonado em favor do conceito superior de Deus. Neste ponto, a interpretação psicanalítica da cena coincide aproximadamente com a tradução alegórica e superficial dela, que representa o deus a vencer o lado animal de sua própria natureza (FREUD, 1996 [1913], p. 157-158).

Para Freud (1996 [1913]) o domínio da autoridade chegou ao seu clímax na esfera de poder patriarcal presente no e reguladora do sistema social. Na concepção freudiana, os impulsos hostis oriundos do complexo--pai permaneceriam ativos, expressando-se por intermédio da ambiguidade de sentimentos projetados nas figuras representantes do pai, na *autoridade paterna revivida*, deuses e reis.

Diante disso, problematizamos que Freud localiza a origem do patriarcado na ideia de mito de origem associada a uma naturalização, assim como a sua permanência na repetição de uma questão psicológica, que, em essência, é resultado do patriarcado e não a sua causa. Na direção dessa problematização, Martins e Silveira (2020) discutem a relação entre a teoria psicanalítica freudiana e o patriarcado, a partir de uma generalização que gerou uma correspondência entre cultura e masculinidade. Isso, na concepção das autoras, com a qual concordamos, requer uma leitura histórica e política para a sua diferenciação.

Em sua conclusão, Freud (1996 [1913]) insiste na defesa da tese de que a gênese da religião, da moral, da arte e da própria sociedade estaria associada a e explicada pelo complexo paterno, ou seja, pela autoridade imaginária paterna. O autor conjuga ainda a mesma centralidade do complexo paterno para a explicação da constituição das neuroses. Em outras palavras, a problemática em relação à figura imaginária paterna configuraria o núcleo dos complexos associados ao padecer neurótico. Ademais, as questões a serem analisadas pela psicologia social são reduzidas à relação do homem com a figura paterna. Dada a sua importância, trazemos as considerações finais do trabalho freudiano:

> Ao concluir, então, esta investigação excepcionalmente condensada, gostaria de insistir em que o resultado dela mostra que os começos da religião, da moral, da sociedade e da arte convergem para o complexo de Édipo. Isso entra em completo acordo com a descoberta psicanalítica de que o mesmo complexo constitui o núcleo de todas as neuroses, pelo menos até onde vai nosso conhecimento atual. Parece-me ser uma descoberta muito surpreendente que também os problemas da psicologia social se mostrem solúveis com base num único ponto concreto: - a relação do homem com o pai. É mesmo possível que ainda outro problema psicológico se encaixe nesta mesma conexão. Muitas vezes tive ocasião de assinalar que a ambivalência emocional, no sentido próprio da expressão – ou seja, a existência simultânea de amor e ódio para os mesmos objetos – jaz na raiz de muitas instituições culturais importantes. Não sabemos nada da origem dessa ambivalência. Uma das pressuposições possíveis é que ela seja um fenômeno fundamental de nossa vida emocional. Mas parece-me bastante válido considerar outra possibilidade, ou seja, que originalmente ela não fazia parte de nossa vida emocional, mas foi adquirida pela raça humana em conexão com o complexo-pai, precisamente onde o exame psicanalítico de indivíduos modernos ainda a encontra revelada em toda sua força (FREUD, 1996 [1913], p. 163-164).

Portanto, verificamos que, para Freud (1996 [1913]), a questão da lei paterna e a sua consequente autoridade foram generalizadas para a compreensão de múltiplos fenômenos, implicando em um reducionismo. A partir dessa análise crítica, buscaremos, na sequência, compreender como a questão da internalização da autoridade paterna foi generalizada da compreensão do núcleo das neuroses para a explicação metapsicológica da constituição psíquica.

5.2 Conceituação de autoridade: referência imaginária paterna, atravessamento do complexo de édipo, instauração do superego e constituição psíquica

Conceituar autoridade na perspectiva da Psicanálise freudiana nos remete necessariamente à ideia de Complexo de Édipo. Esse fenômeno, para o autor, tem característica universal e se coloca como uma problemática pela qual o ser humano atravessa durante a infância, em seu processo de constituição psíquica. Do atravessamento por tal fenômeno, temos como resultado a formação de uma instância psíquica representante da autoridade imaginária internalizada, o *Superego*, que posiciona o sujeito em relação à lei, aos outros, a si mesmo e à realidade. Assim, a partir da ideia de que existem interditos que circulam no campo social, tal como discutimos no item anterior, analisamos a maneira por meio da qual as características de funcionamento social marcam o ser humano, do ponto de vista da ontogênese, em seu processo constitutivo, para pensarmos a definição do conceito de autoridade em Freud.

Consideramos que a preocupação quanto à constituição psíquica esteve presente para Freud desde o início de seu trabalho e obra. Esse processo foi radicalmente analisado nos textos que ficaram conhecidos como artigos metapsicológicos, nos quais Freud discute os desencadeamentos do encontro do biológico com o social para o trabalho de constituição do aparelho psíquico na criança. Nesse sentido, compreendemos que há uma articulação entre as características filo e ontogenéticas. De acordo com Strachey (1996), a análise da estrutura e do funcionamento do *Ego* estava colocada como ensejo teórico por Freud desde 1895, na proposta de seu *Projeto para uma psicologia científica*. Esse tema foi retomado após anos e foi desenvolvido ao longo das elaborações dos artigos em metapsicologia.

Freud (1996 [1923]) apresenta uma concepção a respeito da formação do aparelho psíquico, que, segundo ele, pela primeira vez, se centraria no *conhecimento psicanalítico propriamente dito*, ao invés de tomar pressupostos da biologia como anteriormente em *Além do Princípio de Prazer*. Ao resgatar o pressuposto fundamental da Psicanálise, o da divisão do aparelho psíquico em consciente e inconsciente, Freud defende a possibilidade de compreensão dos fenômenos patológicos e dá lugar ao conhecimento psicanalítico no campo das ciências.

A partir dos processos clínicos, Freud (1996 [1923]) elabora a consideração de que, em cada indivíduo, existem processos mentais organizados coerentemente, os quais ele denominou como *Ego*. Ao *Ego* se liga a consciência, o controle das excitações voltadas para o mundo externo, a supervisão dos processos constituintes, a censura dos sonhos e a repressão, precisando o caráter dinâmico das instâncias psíquicas:

> Para nossa concepção do inconsciente, contudo, as conseqüências de nossa descoberta são ainda mais importantes. Considerações dinâmicas fizeram-nos efetuar a primeira correção; nossa compreensão interna (*insight*) da estrutura da mente conduz à segunda. Reconhecemos que o *Ics.* não coincide com o reprimido; é ainda verdade que tudo o que é reprimido é *Ics.*, mas nem tudo o que é *Ics.* é reprimido. Também uma parte do ego e sabem os Céus que parte tão importante pode ser *Ics.*, indubitavelmente é *Ics.* E esse Ics. que pertence ao ego não é latente como o *Pcs.*, pois, se fosse, não poderia ser ativado sem tornar-se *Cs.*, e o processo de torná-lo consciente não encontraria tão grandes dificuldades. Quando nos vemos assim confrontados pela necessidade de postular um terceiro *Ics.*, que não é reprimido, temos de admitir que a característica de ser inconsciente começa a perder significação para nós. Torna-se uma qualidade que pode ter muitos significados, uma qualidade da qual não podemos fazer, como esperaríamos, a base de conclusões inevitáveis e de longo alcance. Não obstante, devemos cuidar para não ignorarmos esta característica, pois a propriedade de ser consciente ou não constitui, em última análise, o nosso único farol na treva da psicologia profunda (FREUD, 1996 [1923], p. 31-32, grifos do autor).

Para Freud (1996 [1923]), o *Ego* configura uma área transformada do *Id*, por meio do sistema de percepção e consciência (*Pcpt.-Cs*). O *Ego*, nesse sentido, está para a transformação do *Id* decorrente do encontro com a realidade, mediado pelo sistema perceptivo, consciente. Freud conceitua o *Ego* como uma "extensão da diferenciação de superfície" (FREUD, 1996 [1923], p. 39). Como recursos ou trabalhos da instância egoica, podemos situar a busca de concretizar para o *Id* as determinações e/ou necessidades do mundo externo e a transformação do princípio de prazer pela noção de realidade, i.e., princípio realidade.

Freud ainda propõe que a função psicológica da percepção representaria para o *Ego* o que o impulso representa para o *Id*. Assim, o autor relaciona, ressaltando o caráter teórico e ideal desse entendimento, a noção de racionalidade ao *Ego*, e as paixões ao *Id*.

Conforme Freud (1996 [1923]), o *Ego* encontra-se regido pelas percepções, enquanto o *Id* pelos impulsos. O *Ego* coloca-se, assim, como uma parte modificada pelas percepções do *Id*. De todo modo, também recebe influências dos impulsos. O autor ainda apresenta uma divisão de duas classes de impulsos: os sexuais, chamados de *Eros*; e os impulsos de morte, metaforizados por *Tânatos*.

É curioso notar que Freud (1996 [1923]) assinala a noção de *Ego* como *ego corporal*, configurando um elemento de *projeção da superfície*, pois seria derivado das sensações corporais e da relação entre os impulsos internos (do *Id*), as exigências do *Superego* e a realidade externa. O *Superego*, também denominado *ideal do ego*, funcionaria como uma instância regulatória e representante da autoridade, ou autoridade imaginária internalizada. É considerado como um derivado do *Ego*, uma diferenciação. O *Superego* estaria vinculado à consciência em menor grau, sendo construído a partir de processos de identificação.

Na direção desse entendimento, a ideia de valor de referência é relevante, pois representa a maneira por meio da qual a autoridade imaginária se faz presente, se manifesta no campo social e é tomada pela criança em sua constituição como colada à noção de realidade. Logo, a autoridade imaginária, sustentada pelas características sociais, representa para a criança um critério de verdade com o qual pode se identificar ou diferenciar, mas ainda assim um critério de verdade. Esse elemento traz implicações diretas para a escuta e para a clínica psicanalíticas.

A partir dos estudos e da clínica com as patologias psíquicas, Freud (1996 [1923]) percebe a importância do reprimido, representação pertencente ao inconsciente e que se articula com a problemática da internalização da autoridade imaginária para o funcionamento psicológico. Apesar de o conhecimento humano estar vinculado à consciência e o inconsciente ser elucidado apenas com a tomada de consciência, há uma significativa centralidade dos conteúdos reprimidos para o funcionamento e a vida humanos. Os conteúdos reprimidos, na concepção freudiana, são derivados do atravessamento do complexo paterno. Isso, pois, ao identificar-se com a autoridade imaginária paterna, a criança internaliza a sua função proibitiva de lei organizadora, resultando em uma repressão de impulsos e, por consequência, de suas representações, as quais se tornam inconscientes.

A formação do *Superego*, portanto, possui relação direta com a dinâmica de internalização da autoridade imaginária, figurativamente representada, em Freud, pelo lugar social ocupado pelas figuras de autoridade. Na família patriarcal, o foco de sua análise, a autoridade, tinha como referência o papel do pai. Logo, a formação do *Superego* dependia da maneira como a criança se relacionava com a autoridade imaginária paterna.

Freud (1996 [1923]) salienta que o processo de identificação que resulta na instauração do *Superego* é bastante típico e um fenômeno universal na constituição do aparelho psíquico. Desse processo, ainda resulta uma diferenciação na forma de apresentação do *Ego* relacionado à noção de caráter:

> Quando acontece uma pessoa ter de abandonar um objeto sexual, muito amiúde se segue uma alteração de seu ego que só pode ser descrita como instalação do objeto dentro do ego, tal como ocorre na melancolia; a natureza exata dessa substituição ainda nos é desconhecida. Pode ser que, através dessa introjeção, que constitui uma espécie de regressão ao mecanismo da fase oral, o ego torne mais fácil ao objeto ser abandonado ou torne possível esse processo. Pode ser que essa identificação seja a única condição em que o id pode abandonar os seus objetos. De qualquer maneira, o processo, especialmente nas fases primitivas de desenvolvimento, é muito freqüente, e torna possível supor que o caráter do ego é um precipitado de catexias objetais abandonadas e que ele contém a história dessas escolhas de objeto. Naturalmente, deve-se admitir, desde o início, que existem diversos graus de capacidade de resistência, os quais decidem até que ponto o caráter de uma pessoa desvia ou aceita as influências da história de suas escolhas objetais eróticas (FREUD, 1996 [1923], p. 44).

De acordo com Freud (1996 [1923]) é a transformação de uma escolha objetal na alteração do *Ego*, possível pela via de identificação com as figuras de cuidado, portanto, de amor e referência, que possibilita ao *Ego* obter certo controle sobre o *Id*. Esse processo implica em um movimento ambíguo: de um lado, uma maior proximidade com os impulsos do *Id*; e, de outro, uma certa sujeição às próprias exigências dessa instância psíquica:

> A transformação da libido do objeto em libido narcísica, que assim se efetua, obviamente implica um abandono de objetivos sexuais, uma dessexualização – uma espécie de sublimação, portanto. Em verdade, surge a questão, que merece consideração cuidadosa, de saber se este não será o caminho universal à sublimação, se toda sublimação não se efetua através da mediação do ego, que começa por trans-

formar a libido objetal sexual em narcísica e, depois, talvez, passa a fornecer-lhe outro objetivo. Posteriormente teremos de considerar se outras vicissitudes instintuais não podem resultar também dessa transformação; se, por exemplo, ela não pode ocasionar uma desfusão dos diversos instintos que se acham fundidos (FREUD, 1996 [1923], p. 45).

A autoridade é internalizada a partir de processos de identificação com ambas as figuras parentais, as quais apresentam ao mesmo tempo função de cuidado, amor e proibição. Dessa maneira, entendemos o valor de referência. Para Freud (1996 [1923]), a referenciação de uma criança às figuras de cuidado produz efeitos de identificação duradouros, remetendo à origem do *ideal do ego*, que marca na concepção freudiana "a primeira e mais importante identificação de um indivíduo, a sua identificação com o pai em sua própria pré-história pessoal" (FREUD, 1996 [1923], p. 46). Com o objetivo de "simplificar" a explicação, no texto *O Ego e o Id*, Freud (1996 [1923]) apenas aponta o processo de identificação com o pai; porém, de alguma maneira, se inscreve a uma noção de autoridade para além do pai:

> Talvez fosse mais seguro dizer 'com os pais', pois antes de uma criança ter chegado ao conhecimento definitivo da diferença entre os sexos, a falta de um pênis, ela não faz distinção de valor entre o pai e a mãe. Recentemente deparei-me com o caso de uma jovem casada cuja história demonstrava que, após notar a falta de um pênis nela própria, imaginara que ele estivesse ausente, não em todas as mulheres, mas apenas naquelas a quem encarava como inferiores, e supusera ainda que sua mãe possuía pênis. [Cf. nota de rodapé a 'The Infantile Genital Organization' (1923e).] A fim de simplificar minha apresentação, debaterei apenas a identificação com o pai (FREUD, 1996 [1923], p. 46).

Em relação ao Complexo de Édipo, Freud (1996 [1923]) destaca as formas de sua realização: uma primeira, considerada pelo autor como simplificada; e uma segunda, considerada como completa. Freud poderia ter trabalhado a questão da identificação com relação à alteridade das figuras de cuidado, porém elenca o referente "pênis" para trabalhar essa diferença. Nos questionamos: essa simplificação deliberada presente na exposição freudiana marca uma posição? A nosso ver, sim: sinaliza a defesa do valor de referência da autoridade imaginária paterna, como trabalhado anteriormente, posição de nostalgia ao pai, de guarda para a conservação de seu poder.

De todo modo, ao apresentar um método para a constituição psíquica e a formação do *Superego* a partir da internalização da autoridade, Freud abre possibilidades para pensarmos novas formas de internalização da autoridade para além da dinâmica do patriarcado. Para superar o reducionismo presente na simplificação freudiana, podemos defender que a autoridade imaginária acompanha as transformações sociais, inscrevendo-se, desde a época freudiana, à crise da autoridade imaginária paterna e, talvez, mais recentemente, ao seu declínio.

Em sua expressão simplificada, um menino, em etapa precoce do desenvolvimento, estaria vinculado afetivamente à mãe, ou, ainda, ao seio materno, considerado como matriz ou protótipo do que virá a se tornar um objeto de amor e, portanto, de identificação. Até certo ponto, Freud (1996 [1923]) avalia que as relações estabelecidas pelo menino, para com a mãe e o pai, caminham lado a lado, até que a mãe seja colocada como objeto para o qual se destinam as pulsões sexuais e o pai seja visto como obstáculo. Esse fenômeno configura a origem do Complexo de Édipo:

> Sua identificação com o pai assume então uma coloração hostil e transforma-se num desejo de livrar-se dele, a fim de ocupar o seu lugar junto à mãe. Daí por diante, a sua relação com o pai é ambivalente; parece como se a ambivalência, inerente à identificação desde o início, se houvesse tornado manifesta. Uma atitude ambivalente para com o pai e uma relação objetal de tipo unicamente o conteúdo do complexo de Édipo positivo simples num menino (FREUD, 1996 [1923], p. 46-47).

Na concepção freudiana, com a demolição do Complexo de Édipo, a catexia objetal pela mãe é abandonada pelo menino e é substituída por uma identificação com a figura materna ou por um aumento identificatório com relação ao pai. Para Freud (1996 [1923]), a dissolução do Complexo de Édipo, pela via da identificação, implica na instituição da masculinidade ou da feminilidade na criança. Nas palavras do autor:

> Pareceria, portanto, que em ambos os sexos a força relativa das disposições sexuais masculina e feminina é o que determina se o desfecho da situação edipiana será uma identificação com o pai ou com a mãe. Esta é uma das maneiras pelas quais a bissexualidade é responsável pelas vicissitudes subseqüentes do complexo de Édipo. A outra é ainda mais importante, pois fica-se com a impressão de que de modo algum o complexo de Édipo simples é a sua forma mais comum, mas representa antes uma simplificação ou esquematização que é, sem dúvida, freqüentemente justificada

para fins práticos. Um estudo mais aprofundado geralmente revela o complexo de Édipo mais completo, o qual é dúplice, positivo e negativo, e devido à bissexualidade originalmente presente na criança. Isto equivale a dizer que um menino não tem simplesmente uma atitude ambivalente para com o pai e uma escolha objetal afetuosa pela mãe, mas que, ao mesmo tempo, também se comporta como uma menina e apresenta uma atitude afetuosa feminina para com o pai e um ciúme e uma hostilidade correspondentes em relação à mãe. É este elemento complicador introduzido pela bissexualidade que torna tão difícil obter uma visão clara dos fatos em vinculação com as primitivas escolhas de objeto e identificações, e ainda mais difícil descrevê-las inteligivelmente. Pode mesmo acontecer que a ambivalência demonstrada nas relações com os pais deva ser atribuída inteiramente à bissexualidade e que ela não se desenvolva, como representei acima, a partir da identificação em consequência da rivalidade (FREUD, 1996 [1923], p. 47-48).

Segundo Freud (1996 [1923]), a construção do *Superego* surge de uma identificação com o pai, que é tomado pela criança como parâmetro. O *Superego* tomaria o lugar do Complexo de Édipo na direção do entendimento de que seu atravessamento implica uma dissolução da autoridade imaginária paterna. O *Superego* é derivado, portanto, das primevas relações objetais que a criança estabelece em seu desenvolvimento:

> [...] O superego surge, como sabemos, de uma identificação com o pai tomado como modelo. Toda identificação desse tipo tem a natureza de uma dessexualização ou mesmo de uma sublimação. Parece então que, quando uma transformação desse tipo se efetua, ocorre ao mesmo tempo uma desfusão instintual. Após a sublimação, o componente erótico não mais tem o poder de unir a totalidade da agressividade que com ele se achava combinada, e esta é liberada sob a forma de uma inclinação à agressão e à destruição. Essa desfusão seria a fonte do caráter geral de severidade e crueldade apresentado pelo ideal – o seu ditatorial 'farás' (FREUD, 1996 [1923], p. 69).

Freud (1996 [1923]) caracteriza o *Superego* como possuidor de uma dupla dimensão: ao mesmo tempo que é remanescente das primeiras escolhas de objeto do *Id*, configura uma formação opositora em relação a essas escolhas. Assim, o *Superego* contempla as ideias de proibições. Essa característica seria decorrente da função superegoica de reprimir o Complexo de Édipo. Essa seria, dessa maneira, a própria marca da sua constituição.

É fato que Freud (1996 [1923]) abriu possibilidades interpretativas e reflexivas para a dinâmica não simplificada do Complexo de Édipo, porém, ao fazê-lo, necessariamente, a associou à ideia de patologia:

> Em minha opinião, é aconselhável, em geral, e muito especialmente no que concerne aos neuróticos, presumir a existência do complexo de Édipo completo. A experiência analítica demonstra então que, num certo número de casos, um ou outro dos constituintes desaparece, exceto por traços mal distinguíveis; o resultado, então, é uma série com o complexo de Édipo positivo normal numa extremidade e o negativo invertido na outra, enquanto que os seus membros intermediários exibem a forma completa, com um ou outro dos seus dois componentes preponderando. Na dissolução do complexo de Édipo, as quatro tendências em que ele consiste agrupar-se-ão de maneira a produzir uma identificação paterna e uma identificação materna. A identificação paterna preservará a relação de objeto com a mãe, que pertencia ao complexo positivo e, ao mesmo tempo, substituirá a relação de objeto com o pai, que pertencia ao complexo invertido; o mesmo será verdade, *mutatis mutandis*, quanto à identificação materna. A intensidade relativa das duas identificações em qualquer indivíduo refletirá a preponderância nele de uma ou outra das duas disposições sexuais. *O amplo resultado geral da fase sexual dominada pelo complexo de Édipo pode, portanto, ser tomada como sendo a formação de um precipitado no ego, consistente dessas duas identificações unidas uma com a outra de alguma maneira. Esta modificação do ego retém a sua posição especial; ela se confronta com os outros conteúdos do ego como um ideal do ego ou superego* (FREUD, 1996 [1923], p. 48-49, grifos do autor).

De acordo com o autor, a repressão do Complexo de Édipo demanda um grande trabalho psíquico para a criança. Isso porque os pais, com especial valor de alusão para a referência e autoridade paternas, são impeditivos à realização dos desejos edipianos. O *Ego* da criança recebe, assim, uma força a mais, a qual realiza o processo de repressão, fundando a proibição no interior de si para o psiquismo da criança. Nas palavras de Freud, o *Ego* da criança:

> [...] Para realizar isso, tomou emprestado, por assim dizer, força ao pai, e este empréstimo constituiu um ato extraordinariamente momentoso. O superego retém o caráter do pai, enquanto que quanto mais poderoso o complexo de Édipo

> e mais rapidamente sucumbir à repressão (sob a influência da autoridade do ensino religioso, da educação escolar e da leitura), mais severa será posteriormente a dominação do superego sobre o ego, sob a forma de consciência (*conscience*) ou, talvez, de um sentimento inconsciente de culpa (FREUD, 1996 [1923], p. 49).

Freud (1996 [1923]) delimita a dinâmica da autoridade localizada na figura paterna e, posteriormente, em elementos da produção social que dela seriam derivados para a criança ao longo da ontogênese, a saber, seus representantes: religião e educação escolar. Na ontogênese, o trabalho psíquico da criança para a instauração da autoridade imaginária paterna se dá em caminho inverso ao trabalhado no texto *Totem e tabu*, da relação interpessoal com a figura paterna aos seus derivados.

A origem do *Superego* também foi associada à determinação de fatores de natureza biológica e histórica. A inscrição psíquica do *Superego* não seria um acaso, mas sim representante de elementos especialmente diferenciados, tanto do desenvolvimento onto quanto do filogenético. Freud pondera que o Complexo de Édipo expressa a influência dos pais na formação da criança. O poder de influência paterna se transforma no processo de desenvolvimento da criança em complexo paterno:

> O ideal do ego, portanto, é o herdeiro do complexo de Édipo, e, assim, constitui também a expressão dos mais poderosos impulsos e das mais importantes vicissitudes libidinais do id. Erigindo esse ideal do ego, o ego dominou o complexo de Édipo e, ao mesmo tempo, colocou-se em sujeição ao id. Enquanto que o ego é essencialmente o representante do mundo externo, da realidade, o superego coloca-se, em contraste com ele, como representante do mundo interno, do id. Os conflitos entre o ego e o ideal, como agora estamos preparados para descobrir, em última análise refletirão o contraste entre o que é real e o que é psíquico, entre o mundo externo e o mundo interno. [...] É fácil demonstrar que o ideal do ego responde a tudo o que é esperado da mais alta natureza do homem. Como substituto de um anseio pelo pai, ele contém o germe do qual todas as religiões se desenvolveram. O autojulgamento que declara que o ego não alcança o seu ideal, produz o sentimento religioso de humildade a que o crente apela em seu anseio. À medida que uma criança cresce, o papel do pai é exercido pelos professores e outras pessoas colocadas em posição de autoridade; suas injunções e proibições permanecem poderosas no ideal do ego e con-

tinuam, sob a forma de consciência (*conscience*), a exercer a censura moral. A tensão entre as exigências da consciência e os desempenhos concretos do ego é experimentada como sentimento de culpa. Os sentimentos sociais repousam em identificações com outras pessoas, na base de possuírem o mesmo ideal do ego (FREUD, 1996 [1923], p. 50-51).

A partir da leitura freudiana, entendemos que é interessante constatar que a constituição do *Superego* se encontra associada às experiências de mesmas intencionalidades as quais levaram ao totemismo na filogênese. A partir desses pressupostos, pensando na atividade de escuta, podemos considerar que o encaminhamento do tratamento na direção da dissolução da autoridade imaginária paterna é o cerne do trabalho psicanalítico. Esse movimento traria como consequência a dissolução do sentimento de culpa.

Freud (1996 [1924]), no texto intitulado "A Dissolução do Complexo de Édipo", defende a tese de que o Complexo de Édipo se coloca como um fenômeno central da etapa sexual da primeira infância e, após desse momento, realiza a sua dissolução, entrando em latência. De acordo com Strachey (1996), esse texto possui relevância dentro da produção freudiana, pois foi a obra em que, pela primeira vez, Freud discute as especificidades e as diferenças entre meninos e meninas no atravessamento pelo Complexo de Édipo. Importa-nos ainda, por ser um texto fundamental, analisar a obra *Algumas consequências psíquicas da distinção anatômica entre os sexos*, de 1925.

Sobre a centralidade do Complexo de Édipo na teoria freudiana e em sua relação com a internalização da autoridade imaginária paterna, expomos a seguinte consideração do autor:

> Em extensão sempre crescente, o complexo de Édipo revela sua importância como o fenômeno central do período sexual da primeira infância. Após isso, se efetua sua dissolução, ele sucumbe à regressão, como dizemos, e é seguido pelo período de latência. Ainda não se tornou claro, contudo, o que é que ocasiona sua destruição. As análises parecem demonstrar que é a experiência de desapontamentos penosos. A menina gosta de considerar-se como aquilo que seu pai ama acima de tudo o mais, porém chega a ocasião em que tem de sofrer parte dele uma dura punição e é atirada para fora de seu paraíso ingênuo. O menino encara a mãe como sua propriedade, mas um dia descobre que ela transferiu seu amor e sua solicitude para um recém-chegado. A reflexão deve aprofundar nosso senso da importância dessas influências, porque ela enfa-

> tizará o fato de serem inevitáveis experiências desse tipo, que agem em oposição ao conteúdo do complexo. Mesmo não ocorrendo nenhum acontecimento especial tal como os que mencionamos como exemplos, a ausência da satisfação esperada, a negação continuada do bebê desejado, devem, ao final, levar o pequeno amante a voltar as costas ao seu anseio sem esperança. Assim, o complexo de Édipo se encaminharia para a destruição por sua falta de sucesso, pelos efeitos de sua impossibilidade interna (FREUD, 1996 [1924], p. 195).

Freud (1996 [1924]) elucida que é a ameaça de castração que atua como operador da destruição da fase fálica da criança e, por consequência, da dissolução do Complexo de Édipo. Por isso, podemos relacionar a ideia da dissolução do Complexo de Édipo à dissolução da autoridade imaginária internalizada.

Assim como Freud considera que seriam os grandes e importantes desapontamentos associados à impossibilidade interna de realização da fantasia edipiana que ocasionariam a sua dissolução, podemos considerar que são as constatações do fracasso da autoridade imaginária que conduzem à sua dissolução para o sujeito, que a partir daí movimenta-se na direção da apropriação de um processo construtivo rumo a seus objetivos, os quais se relacionam não mais ao *eu ideal*, mas sim ao *ideal do eu*. Desse modo, é possível alcançar a autoridade de si.

Freud (1996 [1924]) ainda reconhece que o Complexo de Édipo proporciona à criança dois caminhos de satisfação: um ativo e outro passivo. Na forma ativa, a criança se colocaria na posição paterna, ao lado do masculino; ou então, na forma passiva, ao lado materno, desejando ser amada pelo pai[17]. A esse respeito, sinalizamos que a questão freudiana parece pautada em uma lógica binária. Opinamos que essa problemática está relacionada aos traços históricos da sociedade vienense na transição do século XIX para o século XX.

Em relação à questão da autoridade imaginária paterna e de sua internalização:

> As catexias de objeto são abandonadas e substituídas por identificações. A autoridade do pai ou dos pais é introjetada no ego e aí forma o núcleo do superego, que assume

---

[17] Sinalizamos que a problemática que sustenta a questão freudiana pautada na lógica binária encontra-se relacionada ao traço histórico da sociedade vienense na transição do século XIX para o século XX. Para aprofundamentos, sugerimos: Roudinesco (2003); Quinet; Coutinho Jorge (2020); Le Rider (1993).

> a severidade do pai e perpetua a proibição deste contra o incesto, defendendo assim o ego do retorno da catexia libidinal. As tendências libidinais pertencentes ao complexo de Édipo são em parte dessexualizadas e sublimadas (coisa que provavelmente acontece com toda transformação em uma identificação) e em parte são inibidas em seu objetivo e transformadas em impulsos de afeição (FREUD, 1996 [1924], p. 198).

Freud (1996 [1924], p. 199) sugere que esse afastamento egoico frente ao Complexo de Édipo decorre da repressão. De todo modo, há uma particularidade nesse ato de reprimir: aqui, a repressão não trata apenas da retirada de libido de uma representação, mas sim da "destruição" ou "abolição" do Complexo. Essa ideia freudiana é interessantíssima, pois demarca um fenômeno que possui importância clínica: o limite etiológico para a saúde ou para a manifestação do sofrimento psíquico: "[...] Se o ego, na realidade, não conseguiu muito mais que uma *repressão* do complexo, este persiste em estado inconsciente no id e manifestará mais tarde seu efeito patogênico."

Nessa perspectiva, poderíamos pensar que a questão do sofrimento psíquico denuncia, em muitos casos, a submissão a uma lógica que sustenta a ideia de uma autoridade imaginária há tempos em crise. De semelhante modo, a repressão da autoridade de si configuraria um sintoma com importante significado clínico. Para recuperar a ideia freudiana de que a Psicanálise é um instrumento que proporciona ao *Ego* um domínio progressivo em termos de conquista do *Id*, poderíamos supor que a não dissolução da autoridade imaginária implica em efeito patogênico, assim como na inibição da autoridade de si. Na direção de ampliação desse princípio clínico balizado pela fundamentação conceitual da questão da autoridade, passaremos à discussão do papel da escuta psicanalítica como potência reveladora da autoridade de si.

5.3 Emergência da Psicanálise: estratégia sensível para a dissolução da autoridade imaginária em direção à livre expressão fundamentada

A possibilidade de constatação e de representação do sofrimento em decorrência do estar só, inaugurada na Modernidade pela crise instaurada na relação do sujeito com a autoridade, foi analisada por Freud (1996 [1930]) e expressa na leitura do mal-estar relacionado ao desamparo. Essa condição atravessou a obra freudiana.

Esse elemento central na teoria psicanalítica é analisado como introdutor de consequências subjetivas, pois implica na representação da perda da autoridade imaginária na regulação da conduta. Situamos, portanto, a Psicanálise como estratégia sensível de escuta e como potência para a construção da *autoridade de si* por meio da livre expressão fundamentada mediada pela elaboração dos conteúdos inconscientes e pela reconstrução e ressignificação da própria história. Esse movimento implica em uma retificação subjetiva.

A defesa pela ideia de livre expressão fundamentada ocorre, sobretudo, pois, atualmente, tem circulado socialmente a noção de que liberdade de expressão se refere a falar e a defender qualquer pensamento, mesmo que fira princípios da coletividade. Por mais paradoxal que possa ser, quando a questão gira em torno de um enunciado que fere os princípios do coletivo, uma impossibilidade deve se apresentar. A liberdade de expressão individual é possível desde que não fira a expressão coletiva, o bem comum e compartilhado. Nesse sentido, um interdito permanece.

Ademais, no movimento de análise e na atividade de ensino, percebemos, muitas vezes, que, na escuta psicanalítica, circula uma fantasia de que a associação livre pode equivaler a falar qualquer coisa. Em nosso entendimento, esse não é o caminho. Isso, porque a associação livre consiste em uma liberdade de fala para a busca da verdade do inconsciente. De todo modo, trata-se de um percurso com uma característica construtiva, que deve se compor da sua própria verdade a partir da liberdade de ideias e de um método associativo. É a partir desse (método), que o sujeito pode fazer-se autoridade de si.

Em todo caso, quando a livre fala se dá atravessada por esse trabalho construtivo de recuperação da própria história, fundamenta-se a verdade do sujeito desde os seus achados e de sua construção: há um trabalho de fundamentação de si. Dionisio (2018) discute a questão da superação do que deve ser escutado ou não na clínica e defende a ideia de não haver uma hierarquia fixa entre o que é ou não escutado. Todavia, por mais que não haja uma hierarquia fixa, nos parece ainda haver uma hierarquia, ou, ao menos, uma noção de valor significativo. Do contrário, podemos incorrer no que Freud (1996 [1910b]) considerou como uma psicanálise silvestre.

Strachey (1996) opina que, quando apresenta os artigos sobre a técnica psicanalítica, Freud intenciona expor uma *metodologia geral da Psicanálise*. Nesse sentido, buscamos discutir se a partir daí é possível considerar a escuta sensível como exemplificação dessa metodologia geral da Psicanálise.

Além disso, investigaremos se o deslocamento da autoridade, que implica em sua dissolução, seria representante da estratégia final dessa metodologia. Como escuta sensível remetemos à definição de Dionisio (2016), que a considera como estratégia transferencial fundante e decorrente da clínica psicanalítica, a qual implica em uma experiência particular advinda do encontro transferencial e, nesse sentido, possui uma relação com algo do fazer artístico e estético, pois remete à ideia de criação.

Nos artigos sobre a técnica, é curioso notar que Freud (1996 [1911]) considera a interpretação dos sonhos no tratamento psicanalítico como *arte*. Desde esse ponto de vista, a interpretação pode ser considerada como técnica e habilidade humana direcionada à consecução de um fim terapêutico, encontrando-se vinculada a um princípio comunicativo e ainda estético.

A partir de Rancière (2009), podemos considerar que a Psicanálise representa um regime estético, pois encontra-se relaciona à dimensão do sensível, uma forma de apreensão da realidade particular circunscrita na história e associada à perspectiva construtiva. Situamos, nesse sentido, a dimensão da Modernidade.

A partir desse pressuposto, podemos pensar que as formas de subjetivação se encontram inscritas em um regime estético que resulta em uma identidade de contrários: são determinadas e determinantes das formas políticas de subjetivação. Sobre a relação entre Psicanálise e regime estético, que nos permite fundamentar a escuta psicanalítica na dimensão sensível, entendemos que:

> Elaborar o sentido mesmo do que é designado pelo termo estética: não a teoria da arte em geral ou uma teoria da arte que remeteria aos efeitos sobre a sensibilidade, mas um regime específico de identificação e pensamento das artes: um modo de articulação entre maneiras de fazer, formas de visibilidade dessas maneiras de fazer e modos de pensabilidade de suas relações, implicando uma determinada ideia da efetividade do pensamento (RANCIÈRE, 2009, p. 13).

Isso posto, a Psicanálise pode ser considerada enquanto campo do pensamento que possui a intencionalidade de tocar a realidade. A análise e a finalidade do conhecimento produzido pela escuta clínica tanto partem quanto alcançam a dimensão concreta da vida humana. Para Racière (2009), o regime ético das imagens diz respeito ao *ethos*, ou seja, às formas de existência dos indivíduos e das coletividades. Nas palavras do autor:

> A esse regime representativo, contrapõe-se o regime das artes que denomino *estético*. Estético, porque a identificação da arte, nele, não se faz mais por uma distinção no interior das maneiras de fazer, mas pela distinção de um modo de ser sensível próprio aos produtos da arte. A palavra 'estética' não remete a uma teoria da sensibilidade, do gosto ou do prazer dos amadores de arte. Remete, propriamente, ao modo de ser específico daquilo que pertence à arte, ao modo de seus objetos. No regime estético das artes, as coisas da arte são identificadas por pertencerem a um regime específico do sensível. Esse sensível, subtraído a suas conexões ordinárias, é habitado por uma potência heterogênea, a potência de um pensamento que se tornou ele próprio estranho a si mesmo: produto idêntico ao não-produto, saber transformado em não-saber, *logos* idêntico ao *pathos*, intenção do inintencional, etc. (RANCIÈRE, 2009, p. 33).

De acordo com Rancière (2009), o regime estético é aquele que entende a arte no singular e que a retira de qualquer regra ou objetivo, hierarquia de temas, gêneros e/ou estilos. Desse pressuposto, podemos traçar um paralelo com a posição da Psicanálise em relação à ciência. A Psicanálise, desde Freud, se fez e continua se sustentando como uma produção de caráter duplo, clínica e científica, voltada para a compreensão do particular. É mais do que um conjunto teórico, é um método de decifração das representações psíquicas, as quais possuem característica de unidade. A Psicanálise, portanto, refere-se à apreensão do inconsciente de cada paciente que busca uma análise e que pode ser escutado a partir da dimensão do sensível revelada pelo aspecto transferencial.

Tanto na escuta clínica quanto no manejo transferencial, Freud (1996 [1923]) volta a sua atenção a uma particularidade manifesta no sofrimento de seus pacientes: a relação entre o sentimento de culpa e o adoecimento neurótico. Freud (1996 [1923]) reflete que, em alguns casos particulares de tratamento das neuroses, a melhora do paciente era sentida como fator de agravo do sintoma. Esse fenômeno seria produto da intervenção superegoica e da força de efeito que o *ideal do ego* teria sobre a determinação do sintoma e o agravamento da doença. A cura analítica, nesse sentido, proporia uma dissolução da autoridade imaginária internalizada. Essa última considerada como fator etiológico da culpa superegoica:

> A luta com o obstáculo de um sentimento inconsciente de culpa não é fácil para o analista. Nada pode ser feito contra ele diretamente, e também nada indiretamente, exceto o lento

processo de descobrir suas raízes reprimidas inconscientes, e, assim, gradativamente transformá-lo num sentimento *consciente* de culpa. Tem-se uma oportunidade especial para influenciá-lo quando esse sentimento de culpa *Ics.* é 'emprestado' – quando é produto de uma identificação com alguma outra pessoa que foi outrora objeto de uma catexia erótica. Um sentimento de culpa que foi dessa maneira adotado frequentemente constitui o único traço remanescente da relação amorosa abandonada e de modo algum é fácil reconhecer como tal. (A semelhança entre este processo e o que acontece na melancolia é inequívoca). Se pudermos descobrir essa catexia objetal anterior por trás do sentimento de culpa *Ics.*, o sucesso terapêutico é brilhante; caso contrário, o resultado de nossos esforços de modo algum é certo. Ele depende principalmente da intensidade do sentimento de culpa; muitas vezes não existe uma força contrária com intensidade de ordem semelhante que o tratamento lhe possa opor. Talvez ele possa depender também de a personalidade do analista permitir ao paciente colocá-lo no lugar de seu ideal do ego, e isto envolve, para o analista, a tentação de desempenhar o papel de profeta, salvador e redentor do paciente. Visto que as regras de análise são diametralmente opostas a que o médico faça uso de sua personalidade de tal maneira, deve-se honestamente confessar que temos aqui outra limitação à eficácia da análise; afinal de contas, esta não se dispõe a tornar impossíveis as reações patológicas, mas a dar ao ego do paciente *liberdade* para decidir por um meio ou por outro (FREUD, 1996 [1923], p. 65, grifo nosso).

Sobre a transferência, Freud (1996 [1912]) explica que ela é gerada no decorrer do tratamento psicanalítico, desenvolvendo significativo valor na condução da cura do paciente. A transferência, instrumento de trabalho clínico psicanalítico, também foi considerada como catexia, isto é, como investimento libidinal no processo do tratamento, compreensão e elucidação dos fatores determinantes do adoecimento e do sofrimento.

Em relação aos fatores psíquicos determinantes do fenômeno transferencial e manifestos na relação analítica, Freud considerou que:

> [...] Se a necessidade que alguém tem de amar não é inteiramente satisfeita pela realidade, ele está fadado a aproximar-se de cada nova pessoa que encontra com idéias libidinais antecipadas; e é bastante provável que ambas as partes de sua libido, tanto a parte que é capaz de tornar-se consciente quanto a inconsciente, tenham sua cota na formação dessa atitude.

> Assim, é perfeitamente normal e inteligível que a catexia libidinal que alguém que se acha parcialmente insatisfeito, uma catexia que se acha pronta por antecipação, dirija-se também para a figura do médico. Decore de nossa hipótese primitiva que esta catexia recorrerá a protótipos, ligar-se-á a um dos clichês estereotípicos que se acham presentes no indivíduo; ou, para colocar a situação de outra maneira, a catexia incluirá o médico numa das 'séries' psíquicas que o paciente já formou (FREUD, 1996 [1912], p. 122).

Freud (1996 [1912]) indica que a transferência possui maior intensidade em pessoas neuróticas que estão em processo de análise, do que em neuróticos que não estão submetidos à análise. Outro fenômeno importante é que a transferência evidencia importante lugar de resistência no decurso do tratamento, porém, ao mesmo tempo, é o meio para o êxito do processo analítico e para a cura do paciente. A ambiguidade, como temos trabalhado, é marca de toda a produção freudiana. Se a transferência foi colocada como cerne da condução do tratamento analítico, foi também vislumbrada como fonte de resistência:

> Assim, a transferência, no tratamento analítico, invariavelmente nos aparece, desde o início, como a arma mais forte da resistência, e podemos concluir que a intensidade e persistência da transferência constituem efeito e expressão da resistência. Ocupamo-nos do mecanismo da transferência, é verdade, quando o remontamos ao estado de prontidão da libido, que conservou imagos infantis, mas o papel que a transferência desempenha no tratamento só pode ser explicado se entrarmos na consideração de suas relações com a resistência (FREUD, 1996 [1912], p. 116).

Consoante a Freud (1996 [1912]), a transferência pode ser instrumento de tratamento à medida que uma relação afetuosa com a figura do clínico carrega a potência de autorizar os pacientes para a superação dos impeditivos de admissão dos fatores determinantes do sofrimento: experiências traumáticas, ou, ainda, fatores que à época recebiam forte investimento de repressão dada a moralidade.

Nesse sentido, a proposta freudiana, por ceder ao exercício de influência/poder sobre a interpretação e abrir o convite para a liberdade de expressão do paciente, por meio do método da associação livre, permite que o paciente, a partir de sua própria escuta, fundamento o desvelar de seu sintoma e construa argumentos pautados em sua história e vindos à consciência a partir de sua expressão livre. A esse movimento construtivo, denominamos: superação da autoridade imaginária internalizada pela autoridade de si.

Apreendemos, a partir de Freud, que a técnica psicanalítica, quando propõe o manejo transferencial, pautado em pulsões ternas e característico da transferência positiva, implica em um deslocamento que autoriza o paciente a se haver com suas questões, o que, por consequência, o coloca na posição de autoria da interpretação de seus conflitos, do seu sofrimento e, em última instância, da vida de modo geral. O tratamento psicanalítico, tal como sistematizado por Freud, pressupõe uma passagem da posição de submissão à autoridade do clínico para uma autoria da compreensão de sua história por meio da escuta de seu próprio inconsciente. O deslocamento da autoridade do clínico abre um campo para o paciente que o autoriza na direção da dissolução da autoridade imaginária. A escuta psicanalítica, a partir desse momento, abre possibilidades para a composição autoral do analisante.

No tratamento psicanalítico, Freud (1996 [1912], p. 117) considera que o cuidado para com o manejo transferencial se orienta à finalidade de alcançar a "independência final" do paciente. Nesse sentido, podemos pensar a transferência como um fenômeno que também é resultado de uma emancipação da própria ferramenta clínica, pois a Psicanálise é seu produto, mas, ao mesmo tempo, é meio para a produção da emancipação nos pacientes.

Destacamos ainda que, no entendimento freudiano, quando ocorre a transferência em sua polarização negativa, que em nosso entendimento seriam os momentos em que o clínico é colocado pelo paciente e/ou fica na posição tradicional da clínica médica, em exercício de poder, ocorre um agravamento do sintoma. Nesse sentido, a terapia pode produzir um efeito iatrogênico, uma inibição; ou então, num caso melhor, uma inalteração do estado do paciente.

Sobre o modo de operação na clínica analítica, em 1912, aparece pela primeira vez na obra freudiana a conceituação da regra fundamental do tratamento, a associação livre:

> Todo aquele que faça uma apreciação correta da maneira pela qual uma pessoa em análise, assim que entra sob o domínio de qualquer resistência transferencial considerável, é arremessada para fora de sua relação real com o médico, como se sente então em liberdade para desprezar a regra

fundamental da psicanálise, que estabelece que tudo que lhe venha à cabeça deve ser comunicado sem crítica, como esquece as intenções com que iniciou o tratamento, e como encara com indiferença argumentos e conclusões lógicas que, apenas pouco tempo antes, lhe haviam causado grande impressão – todo aquele que tenha observado tudo isso achará necessário procurar uma explicação de sua impressão em outros fatores além dos que já foram aduzidos. E esses fatores não se acham longe; originam-se, mais uma vez, da situação psicológica em que o tratamento coloca o paciente (FREUD, 1996 [1912], p. 118-119).

De nossas considerações podemos pautar, a partir da atitude clínica freudiana, o conceito de autoridade como liberdade de expressão fundamentada:

No processo de procurar a libido que fugira do consciente do paciente, penetramos no reino do inconsciente. As reações que provocamos revelam, ao mesmo tempo, algumas das características que viemos a conhecer a partir do estudo dos sonhos. Os impulsos inconscientes não desejam ser recordados da maneira pela qual o tratamento quer que o sejam, mas esforçam-se por reproduzir-se de acordo com a atemporalidade do inconsciente e sua capacidade de alucinação. Tal como acontece aos sonhos, o paciente encara os produtos do despertar de seus impulsos inconscientes como contemporâneos e reais; procura colocar suas paixões em ação sem levar em conta a situação real. O médico tenta compeli-lo a ajustar esses impulsos emocionais ao nexo do tratamento e da história de sua vida, **a submetê-los à consideração intelectual e a compreendê-los à luz de seu valor psíquico. Esta luta entre o médico e o paciente, entre o intelecto e a vida instintual entre a compreensão e a procura da ação é travada quase exclusivamente, nos fenômenos da transferência. É nesse campo que a vitória tem de ser conquistada vitória cuja expressão é a cura permanente da neurose.** Não se discute que controlar os fenômenos da transferência representa para o psicanalista as maiores dificuldades: mas não se deve esquecer que são precisamente eles que nos prestam o inestimável serviço de tornar imediatos e manifestos os impulsos eróticos ocultos e esquecidos do paciente. Pois, quando tudo está dito e feito, é impossível destruir alguém *in absentia* ou *in effigie* (FREUD, 1996 [1912], p. 119, grifos nossos).

Na perspectiva de defesa da questão e do conceito de autoridade na teoria freudiana, consideramos que sua construção, na clínica, se dá a partir de um severo e árduo trabalho intelectual. Apresentamos passos do fazer-se autoridade de si, metáfora que implica a dissolução da autoridade imaginária internalizada para a livre expressão fundamentada, quando pensada em relação à técnica psicanalítica. O trabalho de intensa intelectualidade busca, a partir da associação livre do paciente, o que esse desconsidera em termos de memória. Trata-se de um processo de complementar as falhas/lacunas de memória ao mesmo tempo que se busca a superação das resistências produzidas pela repressão (FREUD, 1996 [1914]). Ainda: o trabalho em direção à superação da compulsão à repetição, ou seja, da atuação.

Freud (1996 [1914]) propôs que o início do tratamento em si já geraria uma alteração para o paciente na sua posição em relação ao seu sintoma. Ao buscar o tratamento, o paciente marca uma posição *consciente* em relação ao sofrimento. Com o início de uma análise, o paciente pode passar a entender racionalmente que sua doença ou sofrimento tem o que dizer.

Em outras palavras, a Psicanálise propõe uma elucidação e, consequentemente, uma compreensão do inconsciente. Esse movimento é possibilitado por meio de um trabalho elaborativo das questões que atravessam um sujeito. Esse trabalho é possível por meio da escuta a si, ou seja, da elucidação dos conteúdos inconscientes que encontram-se na base da determinação de o que o sofrimento tem a dizer:

> O paciente tem de criar coragem para dirigir a atenção para os fenômenos de sua moléstia. Sua enfermidade em si não mais deve parecer-lhe desprezível, mas sim tornar-se um inimigo digno de sua tempera, um fragmento de sua personalidade, que possui sólido fundamento para existir e da qual coisas de valor para sua vida futura tem de ser inferidas. Acha-se assim preparado o caminho, desde o início, para uma reconciliação com o material reprimido que se está expressando em seus sintomas, enquanto, ao mesmo tempo, acha-se lugar para uma certa tolerância quanto ao estado de enfermidade. Se esta nova atitude em relação à doença intensifica os conflitos e põe em evidência sintomas que até então haviam permanecido vagos, podemos facilmente consolar o paciente mostrando-lhe que se trata apenas de agravamentos necessários e temporários e que não se pode vencer um inimigo ausente ou fora de alcance. A resistência, contudo, pode explorar a situação para seus próprios fins e abusar da licença de estar doente. Ela parece dizer: 'Veja o

> que acontece se eu realmente transijo com tais coisas. Não
> tinha razão em confiá-las à repressão?' Pessoas jovens e pue-
> ris, em particular, inclinam-se a transformar a necessidade,
> imposta pelo tratamento, de prestar atenção à sua doença,
> numa desculpa bem-vinda para regalar-se em seus sintomas
> (FREUD, 1996 [1914], p. 168).

Freud (1996 [1914]) ainda aventa que uma possibilidade de transpo-
sição da compulsão a repetição à recordação seria o manejo transferencial.
Obviamente, o autor destacou seus limites e a existência de casos de impossibilidade. De todo modo, no manejo transferencial, há uma potência para
a canalização de impulsos destrutivos para o campo representativo, que
pode amenizar danos à vida concreta dos pacientes:

> Contando que o paciente apresente complacência bastante
> para respeitar as condições necessárias da análise, alcançamos
> normalmente sucesso em fornecer a todos os sintomas da
> moléstia um novo significado 'transferencial' e em substituir
> sua neurose comum por uma 'neurose de transferência', da
> qual pode ser curado pelo trabalho terapêutico. A transfe-
> rência cria, assim, uma região intermediária entre a doença
> e a vida real, através da qual a transição de uma para a outra
> é efetuada. A nova condição assumiu todas as características
> da doença, mas representa uma doença artificial, que é, em
> todos os pontos, acessível à nossa intervenção. Trata-se de
> um fragmento de experiência real, mas um fragmento que foi
> tornado possível por condições especialmente favoráveis, e
> que é de natureza provisória. A partir das reações repetitivas
> exibidas na transferência, somos levados ao longo dos cami-
> nhos familiares até o despertar das lembranças, que aparecem
> sem dificuldade, por assim dizer, após a resistência ter sido
> superada (FREUD, 1996 [1914], p. 169-170).

Para além da elucidação das resistências, Freud (1996 [1914]) aponta
que compõe a técnica psicanalítica a condução ao processo de elaboração,
a qual é considerada como uma autorização para o paciente para que tenha
tempo de familiarizar-se com suas resistências e conflitos. O clínico é colocado por Freud como aquele que fica na posição de espera.

Ao discutir sobre os caminhos vindouros para a Psicanálise, em termos
operacionais, instrumentais e práticos, Freud (1996 [1910a]) elenca ações
para o tratamento das neuroses, sendo elas um aperfeiçoamento da técnica
e do conhecimento psicanalítico. Esse último relativo à compreensão do
fenômeno do inconsciente de maneira ampla. Esse primeiro aspecto estaria

relacionado a uma elaboração intelectual posta para o paciente que o faria, por associação, resgatar o seu conteúdo inconsciente.

Outra atividade da clínica psicanalítica consistiria em possibilitar aos pacientes a busca das determinações inconscientes de seus conflitos. Nesse aspecto, pode-se ver, em Freud, a indissociabilidade entre teoria e técnica. O valor teórico possui intencionalidade de disparar a associação livre do paciente, ao mesmo tempo que os conteúdos narrados por ele são pensados analiticamente pelo psicanalista, que produz uma teorização única a respeito do caso atendido. Esse movimento explicita um árduo trabalho de intelectualização, considerado aqui como construção da autoridade de si, a qual é possível a partir da livre expressão fundamentada de um processo elucidativo.

Freud (1996 [1910a]) considera, em um primeiro momento, as resistências como decorrentes de um conflito interno. Ademais, em sua teoria, manifesta a articulação das determinações do adoecimento neurótico como relativa a verdades históricas. O sintoma, nessa perspectiva, pode ser tomado como uma produção subjetiva que carrega uma crítica social. Ao expormos o desenvolvimento da Psicanálise, constatamos uma ampliação da compreensão dos determinantes do sintoma neurótico rumo à busca das determinações individuais, situadas em torno do complexo, para o valor social da Psicanálise. Buscaremos continuar apresentando esse movimento em torno da compreensão da relação do sujeito com as figuras de autoridade social, bem como com a posição do clínico:

> Apressar-me-ei em torno das inovações no setor da técnica, onde, na verdade, quase tudo ainda aguarda a posição final e muita coisa, somente agora, começa a esclarecer-se. Há, hoje, dois objetivos na técnica psicanalítica: poupar o esforço do médico e dar ao paciente o mais irrestrito acesso ao seu inconsciente. Como sabem, nossa técnica passou por uma transformação fundamental. A época do tratamento catártico, o que almejávamos era a elucidação dos sintomas; afastamo-nos, depois, dos sintomas e devotamo-nos, em vez disso, a desvendar os complexos, para usar uma palavra que Jung tornou indispensável; agora, no entanto, nosso trabalho objetiva encontrar e sobrepujar, diretamente, as 'resistências', e podemos confiar em que venham à luz, justificadamente, sem dificuldade, os complexos, tão logo se reconheçam e se removam as resistências. Alguns dos senhores têm sentido, desde então, a necessidade de que se possa fazer uma pesquisa

dessas resistências e classificá-las. Pedir-lhe-ei que examinem seu material e vejam se podem confirmar a afirmação generalizada de que, nos pacientes masculinos, a maioria das resistências importantes ao tratamento parecem derivar-se do complexo paterno e expressar-se neles no medo ao pai, desobediência ao pai e desavença do pai (FREUD, 1996 [1910a], p. 150).

Freud (1996 [1910a]) assinala ainda a respeito de uma descoberta "recente" que teria gerado avanços ao instrumental psicanalítico. Essa compreensão com relação à descrição e à explicação da contratransferência em seu cerne revelaria a questão da relação do paciente para com a autoridade. Esse fenômeno relacional viria como produto da influência do paciente sobre o afeto do psicanalista:

Disse que muito se tinha de esperar do aumento em autoridade, que nos adviria, na medida em que passa o tempo. Não necessito dizer-lhes muito sobre a importância da autoridade. Poucas pessoas civilizadas, apenas são capazes de existir sem confiar em outras ou até mesmo, de vir a ter uma opinião independente. Os senhores não podem exagerar a intensidade de carência interior de decisão das pessoas e de exigência de autoridade. O aumento extraordinário das neuroses desde que decaiu o poder das religiões pode dar-lhes uma medida disso. O empobrecimento do ego devido ao grande dispêndio de energia, na repressão, exigido de cada indivíduo pela civilização, pode ser uma das principais causas desse estado de coisas (FREUD, 1996 [1910a], p. 151-152).

Nessa citação, podemos considerar a leitura freudiana do aumento das neuroses como fenômeno determinado pela vivência psicológica frente à crise da autoridade imaginária social. É curioso notar que Freud associou o reconhecimento social da Psicanálise, ao mesmo tempo que, a partir de seu método, se autorizou a ir ampliando as determinações dos sintomas neuróticos para a condição de análise do sofrimento, a qual é revelada a cada nova escuta clínica psicanalítica. A autoridade do fazer psicanalítico, clínica e científica, se coloca pela sistematização histórica e coerente por meio da racionalidade da leitura do sofrimento psíquico presente no cotidiano da escuta:

Agora, no entanto, devo, mais uma vez, arrefecer as expectativas dos senhores. A sociedade não terá pressa em conferir-nos autoridade. Está determinada a oferecer-nos resistência, porque adotamos em relação a ela uma atitude crítica; assinalamos-lhe que ela própria desempenha papel importante em causar neuroses. Da mesma maneira que fazemos de um indivíduo nosso inimigo pela descoberta do que nele está reprimido, do mesmo modo a sociedade não pode responder com simpatia a uma implacável exposição dos seus efeitos danosos e deficientes. Porque destruímos ilusões, somos acusados de comprometer os ideais. Poderia parecer, portanto, como se a condição de que espero tão grandes vantagens, para as nossas perspectivas terapêuticas, jamais se preencherá. E, todavia, a situação não é, no momento, tão desesperançosa quanto se poderia pensar. Embora sejam poderosos os próprios interesses e emoções dos homens, não obstante o intelecto também é um poder – um poder que se faz sentir não imediatamente, é verdade, mas, sobretudo, seguramente, no fim. As mais ásperas verdades, finalmente, são ouvidas e reconhecidas, depois que os interesses que se feriram e as emoções que se instigaram tiveram exaurido a própria fúria. Tem sido sempre assim, e as verdades indesejáveis, que nós psicanalistas temos de dizer ao mundo, contarão com o mesmo destino. Apenas não acontecerá muito depressa; devemos ser capazes de esperar (FREUD, 1996 [1910a], p. 153).

De posse dessas considerações freudianas, podemos relacionar a questão e o conceito de autoridade à construção da verdade do inconsciente, a qual é produzida pelo trabalho intelectual pautado na possibilidade de fala livre. A construção da verdade individual no processo de emancipação subjetiva manifesta o valor social da Psicanálise, bem como a eficácia do trabalho analítico.

De acordo com Freud (1996 [1910a], p. 153), no momento que o paciente compreende, por intermédio da elucidação e da tomada de consciência, os fatores determinantes de seu adoecimento, a doença deixa de existir: "Quando o enigma que elas apresentam é resolvido e a solução é aceita pelos pacientes, essas doenças cessam em ser capazes de existir". Consideramos essa defesa como um limite da compreensão freudiana. Talvez ele decorra da ânsia freudiana em sinalizar as possibilidades de transformações subjetivas possíveis a partir da clínica psicanalítica.

De todo modo, a partir de nossa atividade, podemos perceber que apenas a tomada de consciência não é suficiente para a superação do adoecimento e/ou sofrimento. Em muitos casos, a elucidação encontra-se associada a um trabalho concreto na realidade em direção a transformações. Em outros tantos, é necessária uma confrontação com a impossibilidade.

Freud (1996 [1910a]) defende que o trabalho psicanalítico na direção de elucidação dos conflitos psíquicos, muitos deles denúncia de questões que circulavam no campo social, geraria um ganho desenvolvimental duplo com característica progressista. Em um primeiro momento, o próprio ganho subjetivo da pessoa que se analisa por conhecer quais impulsos encontram-se em atividade e, em um segundo, em termos de "*tolerância da sociedade*". Essa atitude não possui, no entanto, um caráter idealizado, ou seja, não estava dentro da perspectiva freudiana a intenção de um desenvolvimento, seja particular, seja social, isento de contradições e/ou de sofrimentos:

> Lembremo-nos, no entanto, de que nossa atitude perante a vida não deve ser a do fanático por higiene ou terapia. Devemos admitir que a prevenção ideal de enfermidade neuróticas, que temos em mente, não seria vantajosa para todos os indivíduos. Um bom número daqueles que, hoje, fogem para a enfermidade não suportariam o conflito, sob as condições que supomos, mas sim, sucumbiriam, rapidamente, ou causariam prejuízo maior que a sua própria doença neurótica. As neuroses possuem, de fato, sua função biológica, como um dispositivo protetor, e têm sua justificação social: a 'vantagem da doença', que proporcionam, não é sempre uma vantagem puramente subjetiva. Existe alguém entre os senhores que, alguma vez, não examinou a causalidade da neurose, e não teve de admitir que esse era o mais suave resultado possível da situação? E dever-se-iam fazer tais pesados sacrifícios, a fim de erradicar as neuroses, em especial, quando o mundo está cheio de outras misérias inevitáveis? (FREUD, 1996 [1910a], p. 155).

A perspectiva não idealizada ou não totalitária de busca por solução ou por uma elaboração das questões que afetam as pessoas e a sociedade não isenta, de todo modo, a análise dos ganhos produzidos pelo trabalho analítico. Freud (1996 [1910a]) destaca que as conflitivas afeitas à neurose acarretam danos particulares tanto às pessoas quanto à sociedade. Freud estava advertido do limite posto para a atividade psicanalítica. De todo modo, defende que uma atitude de elucidação do sofrimento traria, como consequência, a transformação das questões sociais que o sintoma neurótico denunciava:

> Devemos, então, abandonar nossos esforços para explicar o significado oculto da neurose como sendo, em última instân-

cia, perigoso para o indivíduo e nocivo para as funções da sociedade? Devemos renunciar a retirar conclusões práticas de uma parte da compreensão científica? Não; penso que, apesar disso, nosso dever repousa noutra direção. A vantagem da enfermidade, que proporciona as neuroses é, não obstante, no todo, e, finalmente, prejudicial aos indivíduos e, igualmente, à sociedade. **A infelicidade que nosso trabalho de esclarecimento pode causar, atingirá, afinal, apenas alguns indivíduos. A modificação, para uma atitude mais realista e respeitável, da parte da sociedade, não será comparada, a preço bastante elevado, através desses sacrifícios.** Acima de tudo, porém, todas as energias que se consomem, hoje em dia, na produção de sintomas neuróticos, que servem aos propósitos do mundo da fantasia, isolado da realidade, **ajudarão, mesmo que não possam ser postos de imediato em uso na vida, a fortalecer o clamor pelas modificações, em nossa civilização, através das quais, unicamente podemos procurar o bem-estar das gerações futuras** (FREUD, 1996 [1910a], p. 155-156, grifos nossos).

Freud (1996 [1910a]) ainda empreende uma defesa de que o tratamento psicanalítico, associado à produção de conhecimento científico, possui um ganho em duplo sentido. Ao propor a descoberta da causa dos sintomas da neurose, a escuta sensível pode trazer uma elaboração e um destino ao sofrimento e, ao mesmo tempo, promover uma conscientização na esfera social:

> Desejaria, portanto, deixá-los ir com a segurança de que, ao tratarem seus pacientes psicanaliticamente, estarão cumprindo com o seu dever em mais de um sentido. Os senhores não estarão trabalhando, apenas, a serviço da ciência, ao fazer uso de uma única oportunidade, para descobrir os segredos da neuroses: estarão, não apenas, dando aos seus pacientes o remédio mais eficaz para os seus sofrimentos, de que dispõem hoje em dia; estarão contribuindo, com a sua parcela, para o esclarecimento da comunidade, através do qual esperamos alcançar a profilaxia mais radical, contra as perturbações neuróticas, ao longo do caminho indireto da autoridade social (FREUD, 1996 [1910a], p. 156).

De posse dos elementos apresentados e discutidos, consideramos que a leitura freudiana implica em considerar o trabalho psicanalítico na direção da escuta sensível que, por desvelar as determinações da autoridade imaginária na constituição da neurose, implica em sua dissolução. Quando buscamos o significado da palavra "desvelar", encontramos os seguintes resultados: "agir com bastante cuidado; empenhar-se; esforçar-se" (DES-VELAR, 2022). Também: "mostrar-se; retirando o véu que cobria algo; descobrir-se" (DESVELAR, 2022). E ainda, em sentido figurado: "revelar algo que estava oculto" (DESVELAR, 2022). Consideramos relevante a noção de desvelar a autoridade imaginária na direção de uma ação cuidadosa realizada pelo sujeito, que dirige a atenção e cuida das determinações em seu inconsciente da autoridade imaginária internalizada, pois esse movimento de dar-se conta dos efeitos da autoridade imaginária internalizada e em crise carrega a potência para a sua dissolução.

Essa desconstrução representa, a nosso ver, o *caminho indireto da autoridade social*, exposto por Freud. Com a potência derivada dessa abertura, o sujeito, ao conhecer e cuidar do efeito da autoridade imaginária internalizada em si, poderia colocar-se como autoridade: autoridade de si. Com base em Freud (1996 [1910a]), acreditamos nesse trabalho como um trilhar a direção "indireta" à autoridade social e não podemos deixar de escutar nesse aspecto uma perspectiva de ação social transformadora.

Se o trabalho de escuta sensível potencializa a dissolução da autoridade imaginária para que o sujeito possa fazer-se autoridade de si por meio de uma perspectiva de construção de sua própria verdade e de autoria de sua história, o ganho social carrega a potência de emancipação individual e coletiva, uma vez que a escuta sensível almeja uma posição subversiva à autoridade social. Desse modo, temos o resgate da emergência da produção em Psicanálise, por trazer à cena discussões éticas e políticas presentes no campo social e que afetam as particularidades. A escuta e a perspectiva construtiva visam, desde Freud, a processos de emancipação. Portanto, trata-se de um sensível trabalho construtivo, de uma aposta.

6

CONSIDERAÇÕES FINAIS

O retorno aos fundamentos históricos na pesquisa acadêmica psicanalítica pode ser considerado como relacionado ao método de produção teórica e à atividade de escuta propostos por Freud. Ao executarmos essa regressão, objetivamos demonstrar os determinantes sociopolíticos que possibilitaram a emergência da Psicanálise freudiana na transição do século XIX para o século XX em Viena. O conhecimento psicanalítico, tomado como um produto histórico, datado, é portanto considerado como uma resposta possível ao sofrimento representado pelo sujeito humano na Modernidade.

Por essa razão, percebemos uma vinculação etiológica entre a queda do Império Austro-Húngaro e a elaboração de um princípio metodológico para a análise e para a intervenção diante do sofrimento psicológico instaurado pela crise da autoridade imaginária. Consideramos que o abalo gerado na relação da sociedade e dos sujeitos com relação à autoridade imaginária paterna foi condição estrutural para a gestação da prática clínica e de compreensões teóricas no campo psicanalítico, abrindo possibilidades para a construção da autoridade de si por meio da livre expressão fundamentada. Se a escuta psicanalítica acompanhar o movimento histórico e as transformações por ele apresentadas ao processo de subjetivação, continua sendo uma ferramenta potente para a elaboração do sofrimento manifesto pelos sujeitos na atualidade.

A relação dos sujeitos para com a questão da autoridade social foi interpretada por Freud numa perspectiva de ambiguidade. Se por um lado a Psicanálise freudiana entende e defende a autoridade imaginária paterna em sua função como organizador psíquico, fazendo uma defesa implícita dos valores do patriarcado; de outro lado, realiza uma crítica à medida que compreende que essa dinâmica se colocava como fator gerador de sofrimento, de neurose e de defesas. Nessa direção, ao realizar uma escuta, por meio da ferramenta clínica da associação livre, a Psicanálise pôde se colocar como proposta de superação à perda da autoridade imaginária paterna pela via da construção de uma posição subjetiva para seus pacientes e pautada na possibilidade de construção da autoridade de si por meio da livre expressão fundamentada.

Com o advento da Modernidade, houve uma revolução social que produziu alterações para a produção e a expressão das subjetividades. O ser humano passou a ser entendido como possuidor de razão e desejos e começou a empreender uma busca por autonomia. Em seu tempo, Freud estava escutando e analisando como esse movimento se expressava na atividade clínica. Por isso, ele sistematiza o seu conhecimento e elabora um novo lugar para a produção científica perante o saber. Como ciência e prática clínica, a Psicanálise sustenta a sua autoridade como método particular de elaboração do conhecimento do sujeito a respeito de si, do outro e do mundo.

Essa nova forma de produção acadêmica, demonstrada a partir da leitura crítica e analítica das Atas da Sociedade das Quartas-Feiras, nos possibilitou tomar a autoridade como questão. Isso porque os primeiros psicanalistas demonstravam um desejo pelo conhecimento numa perspectiva construtiva e coletiva. Esse ensejo não foi isento de implicações éticas e políticas. Nesse grupo de discussão, percebemos questões problemáticas em relação à defesa do domínio masculino e da patologização de demandas sociais de reivindicação feminina. Apesar desse traço, superações foram possíveis à medida que, por meio da busca de racionalidade pela via do conhecimento histórico, social, artístico e clínico, a Psicanálise se estrutura num para além da autoridade instituída pelo saber universitário. Em tais discussões, houve o interesse por uma amplitude temática, com foco na construção do conhecimento psicanalítico, nos fenômenos do inconsciente, na busca por compreensão e formas de tratamento das neuroses, de expressões da sexualidade e de função sexual na vida dos seres humanos.

Por fim, ao analisarmos o conceito de autoridade proposto por Freud, pudemos perceber que, apesar de ter sido atravessado por elementos conservadores referentes à sociedade patriarcal, os quais são marcas de sua época, o seu entendimento carregou uma potência criativa. Além disso, o seu trabalho conduz a uma perspectiva rumo à emancipação. Ao propor a escuta do sofrimento manifesto por seus pacientes, Freud realiza uma aposta de que cada sujeito pode decifrar o sentido inconsciente de seus sintomas e elaborar um projeto de existência. Essa posição subjetiva carrega princípios de subversão à ordem social vigente. À proporção que os sujeitos podem construir um lugar para si, fazem-se autoridades de si, destituindo-se do poder instituído pelo campo social ou pela autoridade imaginária. Assim, por meio da livre expressão subjetiva, podem buscar a fundamentação da alteridade, rumando para processos de emancipação particulares. Por estarem inseridos na cultura, como consequência, os indivíduos têm a potência para a emancipação social.

Uma leitura contextualizada das formas de subjetivação, a partir do entendimento da constituição do inconsciente, nos permite pensar que as formas de adoecimento psíquico e de sofrimento têm a ver com as condições e qualidade dos laços sociais. Nessa direção, a Psicanálise mantém sua função terapêutica, por sustentar a aposta na continuidade de construção de um projeto de vida singular pautado na autonomia, liberdade e emancipação. Em nosso entendimento, a escuta psicanalítica sustenta o mal-estar manifesto pelos sujeitos que procuram uma análise, sendo o compromisso ético-político que atravessa a clínica na atualidade o desvelar as relações de poder para que seja construída a autoridade de si em cada paciente.

Desde a sua produção, a clínica freudiana e o conhecimento dela decorrente subverteram os paradigmas da ciência positivista presentes no trânsito do século XIX para o século XX, sendo ainda manifestos e requerendo superação. A Psicanálise, ao propor o entendimento da constituição psíquica do humano nas fronteiras de seu encontro com a cultura, se propõe uma teoria subjetiva que contempla uma crítica social, e que, portanto, não cede de manter sua ética e seu posicionamento político para com as expressões das particularidades e desejos de quem procura o trabalho analítico. A nosso ver, nos compete sustentar a continuidade das narrativas dos analisantes e alimentar a produção do conhecimento psicanalítico.

REFERÊNCIAS

ALBERTI, S. Da bissexualidade ao impossível. *In:* QUINET, A.; COUTINHO JORGE, M. A. (org.). **As homossexualidades na psicanálise**: na história de sua despatologização. Rio de Janeiro: Atos e Divãs Edições, 2020. p. 181-190.

ALBERTI, S.; SANTOS, C.; BETEILLE, I. A extimidade do supereu e um sujeito melancolizado. **Rev. Latinoam. Psicopat. Fund.**, São Paulo, n. 22, v. 4, 782-802, dez. 2019.

ARISTÓTELES. Ética a Nicômaco. *In:* PESSANHA, J. A. M. **Seleção de textos** – Coleção "Os Pensadores II". São Paulo: Abril Cultural, 1979.

ARREGUY, M. E.; GARCIA, C. A. A ausência de ciúme como um ideal cultural: reflexões clínicas sobre a fragilidade subjetiva frente ao amor na atualidade. **Physis Revista de Saúde Coletiva**, Rio de Janeiro, v. 22, n. 2, p. 755-778, 2012.

BAUDRILLARD, J. **Simulacros e Simulação**. Lisboa: Relógio d'água, 1991.

BETTELHEIM, B. **A Viena de Freud e outros ensaios**. Rio de Janeiro: Campus, 1991.

CASTRO, R. D. **A historicidade do pensamento freudiano:** a questão da felicidade numa civilização sob os efeitos da guerra (1914-1932). Dissertação (Mestrado em História) – Universidade Federal de São João del Rei. São João del Rei: UFSJ, 2010.

CHAVES, E. O paradigma estético de Freud. *In:* FREUD, S. **Obras incompletas de Sigmund Freud** – Arte, Literatura e os Artistas. Belo Horizonte: Autêntica, 2018. p. 7-39.

CHECCHIA, M. A. **Origens psíquicas da autoridade e do autoritarismo**. Belo Horizonte: Editora Dialética, 2020.

CHECCHIA, M.; TORRES, R.; HOFFMAN, W. (org.). **Os primeiros psicanalistas**: Atas da Sociedade Psicanalítica de Viena (1906-1908). São Paulo: Scriptorium, 2015.

CHECCHINATO, D. **Psicanálise de pais:** criança, sintoma dos pais. Rio de Janeiro: Cia de Freud, 2007.

CHEMAMA, R. **Elementos Lacanianos para uma Psicanálise no Cotidiano**. Porto Alegre: CMC Editora, 2002.

COSTA, D. B. da; MOREIRA, J. de O. Angústia e declínio da representação: uma leitura psicanalítica do mal-estar na contemporaneidade. **Psicologia & Sociedade**, v. 22, n. 2, p. 225-235, 2010.

COSTA NETO, P. L.; CABAS, A. G. **Marx com Lacan** – A Ideologia Alemã: Cadernos 6. Escola da Coisa Freudiana (Conferências Conexão com a Filosofia). São Paulo: Lumme Editor, 2018.

COSTA, P. J. **A mente primitiva**: um estudo conceitual a partir da produção psicanalítica escrita. 2010. Tese (Doutorado em Psicologia Clínica) – Instituto e Psicologia da Universidade de São Paulo. São Paulo: USP, 2010.

COUTINHO JORGE, M. A. O real e o sexual: do inominável ao pré-conceito. *In:* QUINET, A.; COUTINHO JORGE, M. A. (org.). **As homossexualidades na psicanálise**: na história de sua despatologização. Rio de Janeiro: Atos e Divãs Edições, 2020. p. 19-32.

COUTO, M. P. do. As novas organizações familiares e o fracasso escolar. **Psic. da Ed.**, São Paulo, v. 30, p. 57-66, 2010.

DESVELAR. *In:* DICIO, Michaelis Dicionário Online de Português. Editora Melhoramentos LTDA, 2022. Disponível em: https://michaelis.uol.com.br/desvelar. Acesso em: 30 jun. 2022.

DIONISIO, G. H. Prefácio: Decadência e Elegância. *In:* PARENTE, A. M. **Sublimação e Unheimliche**. São Paulo: Pearson, 2017. p. 17-34.

DIONISIO, G. H. Da pesquisa psicanalítica como estratégia do detalhe: ensaio sobre um 'método'. *In:* FULGÊNCIO, L.; BIRMAN, J.; KUPERMANN, D.; CUNHA, E. L. (org.). **Modalidades de pesquisa em Psicanálise**: métodos e objetivos. São Paulo: Zagodoni. 2018. p. 178-191.

DIONISIO, G. H. 'Jovens transferências', ou do narcisismo (primário) das enormes semelhanças. *In:* BIRMAN, J. (org.). **Amar a Si Mesmo e Amar o Outro**: Narcisismo e Sexualidade na Psicanálise Contemporânea. São Paulo: Zagodoni. 2016. p. 192-201.

DOR, J. **O pai e sua função em psicanálise**. Rio de Janeiro: Zahar, 2011.

FFYTCHE, M. **As origens do inconsciente** – De Schelling a Freud – O nascimento da Psique Moderna. São Paulo: Cultrix, 2014.

FRAZER, J. G. **Totemism and Exogamy** (4 vols.). Londres (3-4, 10-11, 13, 102-105, 107-108, 113-121, 123, 125, 131, 139). 1910.

FREUD, S. Histeria. *In:* FREUD, S. **Edição Standard Brasileira das Obras Completas de Sigmund Freud**, v. I. Rio de Janeiro: Imago, 1996 [1888]. p. 75-96.

FREUD, S. Sobre o mecanismo psíquico dos fenômenos histéricos: uma conferência. *In:* FREUD, S. **Edição Standard Brasileira das Obras Completas de Sigmund Freud**, v. III. Rio de Janeiro: Imago, 1996 [1893]. p. 39-53.

FREUD, S. A hereditariedade na etiologia das neuroses. *In:* FREUD, S. **Edição Standard Brasileira das Obras Completas de Sigmund Freud**, v. III. Rio de Janeiro: Imago, 1996 [1896]. p. 143-157.

FREUD, S. A sexualidade na etiologia das neuroses. *In:* FREUD, S. **Edição Standard Brasileira das Obras Completas de Sigmund Freud**, v. III. Rio de Janeiro: Imago, 1996 [1898]. p. 251-272.

FREUD, S. A interpretação de sonhos. *In:* FREUD, S. **Edição Standard Brasileira das Obras Completas de Sigmund Freud**, v. IV-V. Rio de Janeiro: Imago, 1996 [1900]. p. 15-780.

FREUD, S. Três ensaios sobre a teoria da sexualidade. *In:* FREUD, S. **Edição Standard Brasileira das Obras Completas de Sigmund Freud**, v. VII. Rio de Janeiro: Imago, 1996 [1905]. p. 119-231.

FREUD, S. Minhas teses sobre o papel da sexualidade na etiologia das neuroses. *In:* FREUD, S. **Edição Standard Brasileira das Obras Completas de Sigmund Freud**, v. VII. Rio de Janeiro: Imago, 1996 [1906]. p. 261-270.

FREUD, S. Moral sexual 'civilizada' e doença nervosa moderna. *In:* FREUD, S. **Edição Standard Brasileira das Obras Completas de Sigmund Freud**, v. IX. Rio de Janeiro: Imago, 1996 [1908]. p. 167-186.

FREUD, S. Romances familiares. *In:* FREUD, S. **Edição Standard Brasileira das Obras Completas de Sigmund Freud**, v. IX. Rio de Janeiro: Imago, 1996 [1909]. p. 217-222.

FREUD, S. Notas sobre um caso de neurose obsessiva. *In:* FREUD, S. **Edição Standard Brasileira das Obras Completas de Sigmund Freud**, v. X. Rio de Janeiro: Imago, 1996 [1909]. p. 137-276.

FREUD, S. As perspectivas futuras da terapêutica psicanalítica. *In:* FREUD, S. **Edição Standard Brasileira das Obras Completas de Sigmund Freud**, v. XI. Rio de Janeiro: Imago, 1996 [1910a]. p. 143-156.

FREUD, S. Psicanálise Silvestre. *In:* FREUD, S. **Edição Standard Brasileira das Obras Completas de Sigmund Freud**, v. XI. Rio de Janeiro: Imago, 1996 [1910b]. p. 231-241.

FREUD, S. O manejo da interpretação de sonhos na Psicanálise. *In:* FREUD, S. **Edição Standard Brasileira das Obras Completas de Sigmund Freud**, v. XII. Rio de Janeiro: Imago, 1996 [1911]. p. 99-106.

FREUD, S. A dinâmica da transferência. *In:* FREUD, S. **Edição Standard Brasileira das Obras Completas de Sigmund Freud**, v. XII. Rio de Janeiro: Imago, 1996 [1912]. p. 109-119.

FREUD, S. Totem e tabu. *In:* FREUD, S. **Edição Standard Brasileira das Obras Completas de Sigmund Freud**, v. XIII. Rio de Janeiro: Imago, 1996 [1913]. p. 13-198.

FREUD, S. Recordar, repetir e elaborar (Novas recomendações sobre a técnica da psicanálise II). *In:* FREUD, S. **Edição Standard Brasileira das Obras Completas de Sigmund Freud**, v. XII. Rio de Janeiro: Imago, 1996 [1914]. p. 161-171.

FREUD, S. O inconsciente. *In:* FREUD, S. **Edição Standard Brasileira das Obras Completas de Sigmund Freud**, v. XIV. Rio de Janeiro: Imago, 1996 [1915]. p. 165-222.

FREUD, S. Sobre o ensino da Psicanálise nas universidades. *In:* FREUD, S. **Edição Standard Brasileira das Obras Completas de Sigmund Freud**, v. XVII. Rio de Janeiro: Imago, 1996 [1919]. p. 183-187.

FREUD, S. Psicologia de grupo e análise do ego. *In:* FREUD, S. **Edição Standard Brasileira das Obras Completas de Sigmund Freud**, v. XVIII. Rio de Janeiro: Imago, 1996 [1921]. p. 75-146.

FREUD, S. O ego e o id. *In:* FREUD, S. **Edição Standard Brasileira das Obras Completas de Sigmund Freud**, v. XIX. Rio de Janeiro: Imago, 1996 [1923]. p. 15-82.

PSICANÁLISE E CONSTRUÇÃO DA AUTORIDADE DE SI: CONTRIBUIÇÕES
DE UMA ANÁLISE HISTÓRICA PARA A ESCUTA CLÍNICA

FREUD, S. A dissolução do complexo de Édipo. *In:* FREUD, S. **Edição Standard Brasileira das Obras Completas de Sigmund Freud**, v. XIX. Rio de Janeiro: Imago, 1996 [1924]. p. 193-201.

FREUD, S. O futuro de uma ilusão. *In:* FREUD, S. **Edição Standard Brasileira das Obras Completas de Sigmund Freud**, v. XXI. Rio de Janeiro: Imago, 1996 [1927]. p. 13-71.

FREUD, S. Dostoievski e o Parricídio. *In:* FREUD, S. **Edição Standard Brasileira das Obras Completas de Sigmund Freud**, v. XXI. Rio de Janeiro: Imago, 1996 [1928]. p. 185-206.

FREUD, S. O mal-estar na civilização. *In:* FREUD, S. **Edição Standard Brasileira das Obras Completas de Sigmund Freud**, v. XXI. Rio de Janeiro: Imago, 1996 [1930]. p. 67-151.

FREUD, S. Por que a guerra? *In:* FREUD, S. **Edição Standard Brasileira das Obras Completas de Sigmund Freud**, v. XXII. Rio de Janeiro: Imago, 1996 [1932]. p. 203-220.

FREUD, S. Construções em Análise. *In:* FREUD, S. **Edição Standard Brasileira das Obras Completas de Sigmund Freud**, v. XXIII. Rio de Janeiro: Imago, 1996 [1937]. p. 271-283.

FREUD, S. Algumas lições elementares de psicanálise. *In:* **Edição Standard Brasileira das Obras Completas de Sigmund Freud**, v. XXIII. Rio de Janeiro: Imago, 1996 [1940]. p. 297-302.

FREUD, S. Projeto para uma psicologia científica. *In:* FREUD, S. **Edição Standard Brasileira das Obras Completas de Sigmund Freud**, v. I. Rio de Janeiro: Imago, 1996 [1950]. p. 341-509.

HANKE, B. C. **Pulsão de morte na Cultura**: Raízes e incidências. Dissertação (Mestrado em Psicologia) – Faculdade de Filosofia e Ciências Humanas da Universidade Federal de Minas Gerais. Belo Horizonte: UFMG, 2008.

HARVEY, D. **A condição pós-moderna**: uma pesquisa sobre as origens da mudança cultural. São Paulo: Loyola, 1994.

LACAN, J. Proposição de 9 de outubro de 1967 sobre o psicanalista da Escola. *In:* LACAN, J. **Outros escritos**. Tradução de Vera Ribeiro. Rio de Janeiro: Jorge Zahar, 2003 [1967]. p. 249-264.

LACAN, J. **Os complexos familiares na formação do indivíduo**: ensaio de análise de uma função psicológica. Rio de Janeiro: Zahar, 2008 [1938].

LAPLANCHE, J.; PONTALIS, J. B. **Vocabulário de Psicanálise**. São Paulo: Martins Fontes, 2008.

LEBRUN, J. P. **Um mundo sem limite:** ensaio para uma clínica psicanalítica do social. Rio de Janeiro: Companhia das Letras, 2004.

LE RIDER, J. **A modernidade vienense e as crises de identidade**. Rio de Janeiro: Editora da Civilização Brasileira. 1993.

LERNER, G. **A criação do patriarcado**: história da opressão das mulheres pelos homens. São Paulo: Cultrix, 2019.

MACLENNAN, J. F. **The Worship of Animals and Plants**. Fotnightly Rev., N. S. 6; 407 e 562; N. S., 7, 194. (Reimpresso em Studies in Ancient History: Second Series, do mesmo autor, Londres. 1896.) (3, 100, 109). (1869-70).

MARTINS, A. A.; SILVEIRA, L. (org.). **Freud e o patriarcado**. São Paulo: Hedra. 2020.

MARTINS, A. S.; MOREIRA, L. S. A origem do destino criado para as mulheres pela psicanálise: por uma leitura reparadora através das atas da Sociedade das Quartas-feiras. *In:* MARTINS, A. A.; SILVEIRA, L. (org.). **Freud e o patriarcado**. São Paulo: Hedra, 2020. p. 83-111.

MARX, K. **O 18 Brumário de Luís Bonaparte**. São Paulo. Boitempo, 2011.

MELMAN, C. **Para introduzir à psicanálise nos dias de hoje**. Porto Alegre: CMC Editora, 2009.

MEZAN, R. Problemas de uma história da psicanálise. *In:* BIRMAN, J. (org.). **Percursos na história da psicanálise**. Rio de Janeiro: Taurus, 1988. p. 15-41.

MEZAN, R. **Sigmund Freud**: a conquista do proibido. São Paulo: Ateliê Editorial, 2003.

MIGUEL, L. F. A identidade e a diferença. *In:* MIGHEL, L. F.; BIROLI, F. **Feminismo e política**. São Paulo: Boitempo, 2014. p. 63-78.

MOGRABI, D.; HERZEG, R. Sob o signo da incerteza: autoridade simbólica e desamparo. **Estudos de Psicologia**, v. 11, n. 2, p. 127-133, 2006.

NIETZSCHE, F. W. **A Gaia Ciência**. São Paulo: Companhia das Letras, 2020 [1886].

NUNBERH, H. Introdução. *In:* CHECCHIA, M.; TORRES, R.; HOFFMAN, W. (org.). **Os primeiros psicanalistas**: Atas da Sociedade Psicanalítica de Viena (1906-1908). São Paulo: Scriptorium, 2015 [1959]. p. 16-38.

OLIVEIRA, C. L. M. V. Arquivos da psicanálise: a construção do freudismo. **Rev. Latinoam. Psicopat. Fund.**, São Paulo, v. 19, n. 3, p. 572-575, 2016.

PARENTE, A. M. **Sublimação e Unheimliche**. São Paulo: Pearson, 2017.

PEIXOTO, M. G. **A condição política na pós-modernidade**: a questão da democracia. São Paulo: EDUC: FAPESP, 2004.

PEREIRA, M. R. "Deuses de prótese": sobre os mestres de nosso tempo. **Estilos da Clínica**, v. 11, n. 21, p. 82-107, 2006.

POMBO, M. Crise do patriarcado e função paterna: um debate atual na psicanálise. **Psic. Clin.**, Rio de Janeiro, v. 30, n. 3, p. 447-470, 2018.

RÉGIO, J. **Poemas de deus e do diabo**. São Paulo: Opera Omnia, 2000.

RANCIÈRE, J. **A partilha do sensível**: estética e política. São Paulo: Exo Experimental org. Editora, 2005.

RANCIÈRE, J. **O inconsciente estético**. São Paulo: Ed. 34, 2009.

RANCIÈRE, J. **O ódio à democracia**. São Paulo: Boitempo, 2020.

ROUDINESCO, E. **A família em desordem**. Rio de Janeiro: Zahar, 2003.

ROUDINESCO, E. **Sigmund Freud na sua época e em nosso tempo**. Rio de Janeiro: Zahar, 2016.

ROUDINESCO, E.; PLON, M. **Dicionário de Psicanálise**. Rio de Janeiro: Jorge Zahar, 1998.

SANTOS, B. S. **Pela mão de Alice**: o social e o político na pós-modernidade. São Paulo: Cortez, 1997.

SANTOS, T. C. A angústia e o sintoma na clínica psicanalítica. **Revista Latinoamericana de Psicopatologia Fundamental**, v. 4, n. 1, p. 106-124, 2001.

SILVA JUNIOR, N. da. O mal-estar no sofrimento e a necessidade de sua revisão pela psicanálise. *In:* SAFATLE, V.; SILVA JUNIOR, N. da; DUNKER, C. **Patologias do social**: arqueologias do sofrimento psíquico. Belo Horizonte: Autêntica Editora, 2018. p. 35-58.

STRACHEY, J. Notas do editor. **Obras Psicológicas Completas de Sigmund Freud** – Edição Standard brasileira. Rio de Janeiro: Imago, 1996.

WINOGRAD, M.; KLATAU, P. Viena, Áustria: notas sobre o contexto de emergência da psicanálise. **Tempo Psicanalítico**, Rio de Janeiro, v. 46, n. 2, p. 197-213, 2014.

WUNDT, W. **Mitus und religion**, Teil II (Völkerpsychologie, Band II), Leipzig (3, 18, 22, 25, 58, 65, 75-77, 91). 1906.

ZACHAREWICZ, F.; FORMIGONI, M. C. Os primeiros psicanalistas Atas da Sociedade Psicanalítica de Viena 1906-1908. **Jornal de Psicanálise**, v. 48, n. 89, p. 309-312, 2015.

ZAMBONI, L. C.; GAZZOLA, F. P. O deslocamento do "terceiro" e o declínio da civilização. **Fractal, Revista Psicologia**, v. 27, n. 2, p. 177-183, 2015.